LES 120 ANS
DE
JEANNE CALMENT
doyenne de l'humanité

AUTRE OUVRAGE DE MICHEL ALLARD
AU CHERCHE MIDI ÉDITEUR

À la recherche du secret des centenaires

Docteur Michel Allard, Docteur Victor Lèbre,
Jean-Marie Robine

LES 120 ANS DE JEANNE CALMENT

doyenne de l'humanité

Collection « Documents »
dirigée par Pierre Drachline

le cherche midi éditeur
23, rue du Cherche-Midi, 75006 Paris

En couverture, photographie de Jeanne Calment en 1987,
par Lucien Clergue.

DÉDICACE

À Madame Jeanne Calment.

Madame,

Vous êtes entrée dans votre cent vingtième année, surprenant de la sorte l'humanité entière et, sans doute, vous étonnant un peu vous-même. Depuis plus de dix ans, vous nous apportez le 21 février de chaque année un nouvel événement exceptionnel: votre anniversaire.

Vous avez pleinement accepté de participer à la réalisation de cet ouvrage sur vous-même, nous ouvrant votre mémoire et votre cœur. Il résulte d'une collaboration très attachante: c'est le fruit de longues heures d'entretiens et d'échanges durant lesquels vous avez apporté tout votre enthousiasme et toute votre vitalité, et fourni nombre d'efforts. Toujours, vous fûtes épatante; que de fois vous nous avez pris de court par vos reparties, vos répliques, si souvent brillantes et pleines d'humour. Veuillez nous excuser pour quelques questions fastidieuses ou embarrassantes que vous avez éludées avec brio ou astuce, nous retournant l'argument ou en esquivant le trait avec adresse.

Vous n'avez pas peur de la mort; nous pouvons aborder ce sujet et vous savez qu'il vous faudra vous résoudre, un jour, le plus lointain possible, à quitter la vie. Aussi voulions-nous publier ce livre de votre vivant pour vous le dédier comme une sorte d'hommage et en signe de reconnaissance d'un si brillant exemple donné à tous.

Avec notre plus cordial merci.

Novembre 1994.
Docteur Michel ALLARD
Docteur Victor LÈBRE
Jean-Marie ROBINE

LA PERSPECTIVE D'AVOIR CENT VINGT ANS

Pousser son premier cri sous Mac-Mahon, en même temps que Ravel;

Savoir que son grand-père aurait pu rencontrer Napoléon Ier;

Fréquenter Frédéric Mistral dans les salons d'Arles;

Contempler la tour Eiffel à peine terminée;

Être déjà maman et avoir vingt-cinq ans quand notre siècle n'en avait qu'un;

Devenir quadragénaire quand se termine la Grande Guerre;

Attendre ses soixante-dix ans pour enfin pouvoir voter après la fin de la Seconde Guerre mondiale;

Fêter ses cent ans sous Pompidou puis devenir la star de tous les médias du monde, star qui tourne même dans un film sur Van Gogh qu'elle a croisé étant jeune...

Tel est l'étonnant destin de Mme Jeanne Calment!

AVERTISSEMENT

Parler avec une dame de presque cent vingt ans est exceptionnel mais n'est pas chose aisée. L'art de la conversation demande le respect de certaines règles : il faut savoir écouter, réfléchir, attendre, *a fortiori* avec une personne âgée qui connaît les bonnes manières et sait que répondre tout de go n'est pas toujours de mise. Prendre son temps, penser, autant de choses qui ne sont plus très en vogue. Ce n'est pourtant pas le style naturel de Mme Calment tant sa vivacité spontanée, dans le langage comme dans ses gestes et ses réactions, est grande, comme elle l'a été toute sa vie durant. Comprendre et se faire comprendre demandent de la patience, plus encore face à un interlocuteur avec qui la communication est difficile. Tous ceux qui fréquentent un tant soit peu des personnes âgées ont pu le vérifier.

Dans la plupart des chapitres, ce livre rapporte des entretiens sur différents sujets, suivis de commentaires. Les textes des dialogues ont parfois été laissés avec certaines hésitations ou redites qui témoignent de la démarche de la pensée et de la dynamique du discours tout comme du processus mental des locuteurs. Certaines phrases ne sont qu'amorcées; il y manque un verbe ou un complément mais le discours parlé est ainsi fait... et nous avons jugé bon, par endroits, de le compléter ou de le modifier. D'autres passages, dans ces dialogues, paraîtront *a priori* banals, comportant des longueurs : si nous les avons conservés, c'est qu'ils ont souvent leur importance.

Nous avons peu à peu perdu l'habitude d'écouter les anciens, de recueillir leur opinion, d'assurer de la sorte la transmission de leur savoir et de leur culture. L'évolution des connaissances s'est accélérée; une partie des compétences, surtout professionnelles, acquises au cours d'une vie, sont devenues caduques, dépassées et il n'y a plus lieu d'en parler. L'expérience a été réduite à néant. Les plus jeunes, formés tout récemment, en connaissent davantage que les anciens, particulièrement dans les domaines techniques, administratifs, réglementaires. Ce glissement lent et sournois des comportements entre les générations, qui concerne avant tout les métiers, a envahi les autres domaines de la vie. Simultanément, nous sommes passés d'une tradition orale à une tradition écrite. La transmission d'une science, d'un art, d'une expérience ne se fait plus par le recueil direct de bouche à oreille mais par des intermédiaires, surtout par les écrits. Pourtant, il y a tout le reste, le reste qui, peut-être, est l'essentiel. C'est ce qui concerne le vécu de chacun, ses sentiments, son opinion des choses de la vie, son idée du rapport entre les êtres. Donner la parole à nos anciens : il ne suffit pas de le dire, il convient de le faire. C'est l'un des buts de cet ouvrage et il était important que Mme Calment elle-même puisse s'exprimer de la sorte.

PAR LE PLUS GRAND DES HASARDS

Jeanne Calment est reconnue depuis plusieurs années comme doyenne de l'humanité. Elle est célèbre sur tous les continents. Elle est entrée dans sa cent vingtième année, défiant les performances les plus incroyables, les pronostics les plus hardis et les statistiques les plus hasardeuses. Connaître Mme Jeanne Calment, explorer « le cas Jeanne Calment », aboutir à ce livre qui lui est consacré, résulte d'une succession exceptionnelle d'événements uniques comme pour beaucoup de découvertes. Elle est devenue doyenne de l'humanité le 14 février 1991, date de la disparition de Carrie White, une Américaine de Floride, décédée à l'âge de cent seize ans et quatre mois.

Elle fait partie du petit groupe des centenaires. Ces centenaires, en 1953, étaient à peine deux cents en France; en 1988, leur nombre dépassait déjà trois mille. À l'époque, on ne connaissait rien d'eux ou presque. Pourtant, ils préfigurent l'émergence d'une nouvelle strate de la population, illustrant un avenir collectif et individuel de plus en plus probable, et même quasi certain. Leur nombre avoisine aujourd'hui les cinq mille. Somme toute, cela ne fait qu'un peu moins d'un centenaire pour dix mille Français, proportion qui peut paraître bien faible. En fait, c'est beaucoup, beaucoup plus qu'on ne le croit et cette proportion va croissant à une vitesse vertigineuse, exponentielle, disent les mathématiciens. Qu'on songe seulement qu'au cours de l'année 1890, à la fin du siècle dernier, il y a eu un peu plus de huit cent mille naissances pour l'ensemble de la France (huit cent trente-huit mille exactement); c'est ce que les démographes appellent la « classe 1890 » ou « la génération 1890 ». Ce nombre de naissances restera (à part le déficit que l'on observa pendant les deux guerres mondiales) remarquablement stable. Il est encore le même aujourd'hui. Compte tenu de la mortalité infantile très élevée à l'époque, il ne restait plus en vie que les trois quarts de ces enfants en 1900. Dans ce groupe de trois cent mille petites filles âgées de dix ans en 1900, une sur trois cents environ est devenue centenaire en 1990. Elles étaient plus de mille (auxquelles il fallait ajouter toutes les centenaires plus âgées, de cent un, cent deux, cent trois ans et plus). Un sur trois cents, le chiffre est déjà plus significatif; pour les petits garçons, la proportion est, hélas, considérablement moindre.

Cette rapide croissance des centenaires est restée longtemps un phénomène négligé, anecdotique ou accessoire, et ce n'est que récemment qu'un coup de projecteur, un éclairage nouveau, a attiré l'attention sur eux. En 1989, la Fondation IPSEN se lança dans une vaste étude épidémiologique, avec l'aide de plus de deux mille médecins généralistes en France. Cette enquête eut pour nom : « À la recherche du secret des centenaires ». Pour mener ce projet à son terme, il fallut rechercher le concours d'experts d'horizons très divers (démographes, gérontologues, psychologues et épidémiologistes) ou d'organismes de recherche tel l'INSERM.

Il s'agissait de repérer les centenaires, de les identifier et de les décrire. Jeanne Calment était l'une de ces mille personnes qui ont participé à l'étude, au même titre que toutes les autres. En 1990, elle aurait fort bien pu faire partie de ceux que l'enquête ne toucha point. Si elle était, à l'époque, déjà connue comme doyenne de France, c'était un peu le fait du hasard! Il n'y a pas dans notre pays de registres des centenaires et elle ne fut vraiment célèbre que lorsque son cent treizième anniversaire coïncida avec le centenaire du passage de Van Gogh en Arles. Jusque-là, c'était une centenaire « comme les autres » dont on savait seulement qu'elle avait fait du vélo dans les rues de la cité à un âge très avancé. En 1990, la même année que l'enquête épidémiologique, un jeune médecin d'Arles lui consacra une thèse de doctorat à la Faculté de Marseille. Comme tous ces centenaires, depuis le début de l'étude, elle fut suivie tous les six mois, car un bilan périodique pour dénombrer les survivants est dressé régulièrement. En 1992, nous constatâmes qu'elle y figurait toujours. À la fin de 1994, elle est encore présente dans le noyau de plus en plus petit des derniers irréductibles refusant obstinément de mourir. Bien des centenaires « plus jeunes », qui, au début de l'étude, ne dépassaient pas cent cinq ans, sont déjà décédés alors que la femme la plus âgée du groupe survit. L'homme qui était le plus âgé survit également.

Alors émergea l'idée qu'il y avait là quelque chose d'anormal qui se devait d'être éclairé. Nous prîmes le parti d'explorer la question. Dès le premier entretien, le cadre de l'anecdotique explosa. Des questions fondamentales se dégagèrent d'emblée.

Le cas était unique ! Beaucoup plus exceptionnel qu'on ne le pensait au départ. Si Jeanne Calment avait l'âge qu'elle prétendait – ce qu'il fallait absolument vérifier – c'était déjà un élément essentiel à approfondir mais elle était, de plus, dans une forme incroyable ! Le fait d'atteindre cent quinze ans était bien sûr fantastique mais la personnalité qui se dégageait derrière la simple centenaire et sa *stratégie de vie*, présente et passée, étaient encore plus étonnantes.

La stratégie de vie définit la manière dont chacun s'adapte à son environnement au cours du temps. La mémoire de Jeanne Calment se révélait exceptionnelle : si l'on compare la mémoire à un grenier, elle avait bien le plus grand grenier du monde et peut-être même le plus rempli (d'autres vieillards ont parfois un grenier quelque peu vide, hélas). Imaginez que vous puissiez décrire avec précision la couleur de la robe que vous aviez à l'âge de sept ans, donner le nom de votre professeur de musique ou préciser ce qu'il y avait au menu lors d'une réception de famille! Il faut aussi reconnaître que les articles et les reportages que diffusait la presse après chacun de ses anniversaires laissaient chacun sur sa faim. Toujours les mêmes poncifs : elle adorait les chocolats, un petit verre de porto et deux cigarettes par jour. Heureusement, chaque interview était fleurie de nouveaux mots d'esprit ou de traits cinglants décochés aux journalistes venus la rencontrer; c'est elle qui, souvent, arracha ses interlocuteurs de l'ornière des trop nombreux stéréotypes.

Tout de suite, un programme de recherche assumé par l'INSERM et financé par la Fondation IPSEN fut mis sur pied. Il était simple mais ambitieux : valider l'âge de Jeanne Calment de manière très documentée car, si *Le Livre des records*, piètre référence mais la seule en la matière, l'avait effectivement homologué au niveau mondial, sans aucun contrôle rigoureux ni aucune vérification, la communauté scientifique internationale refusait absolument, à l'époque, d'y croire. Il fallait aussi tenter de trouver « les coupables », en l'occurrence, les causes possibles, potentielles, putatives de cette longévité exceptionnelle.

La pêche aux supercentenaires (ceux qui dépassent cent dix ans) n'est pas un sport nouveau; depuis longtemps, les curieux de tous les pays le pratiquent. En particulier, au XIXe siècle où d'incroyables listes de personnes ayant vécu cent dix, cent vingt... voire cent cinquante ans étaient avancées. Un Anglais, Thoms, se pencha, parmi d'autres, sur chacun des cas et, de manière rigoureuse et scientifique, les invalida tous : aucun n'a été retenu. Il précisa des règles élémentaires indispensables pour pouvoir apporter des preuves tangibles et irréfutables sur chaque personne. Il fallait pour ce faire :

• retrouver l'acte de naissance et/ou de baptême dans les registres d'état civil ou dans les documents paroissiaux;

• vérifier tous les éléments relatifs au même nom dans ces registres. Ne pouvait-il pas y avoir une substitution par un homonyme? Une confusion avec un ascendant né quelques décennies auparavant? Le même prénom n'avait-il pas été attribué à un autre enfant d'une même fratrie alors que le premier était décédé? Autant de questions auxquelles il faut apporter des réponses argumentées;

• pouvoir suivre par d'autres documents religieux ou civils cette personne tout au long de sa vie (lors de son mariage, de la naissance de ses enfants, etc.);

• avoir un véritable faisceau de preuves qui corroborent la chronologie;

• et, enfin, mener des entretiens du vivant du centenaire pour recueillir de sa bouche des témoignages qui soient compatibles avec tous les éléments trouvés précédemment et qui les confortent.

La preuve absolue proposée par ce juge en longévité était l'entretien avec le postulant pour faire correspondre son vécu, ses souvenirs avec les éléments recueillis par écrit auprès des différentes sources. Ce dernier point est de loin le plus contraignant car il suppose que la vérification de l'âge soit faite du vivant de la personne et que la communication soit encore possible avec elle. Si l'on cherche à contrôler et à vérifier l'âge d'un centenaire déjà décédé, cette exigence est impossible à satisfaire (sauf si d'autres parmi ses contemporains s'en sont spontanément chargés de son vivant et ont laissé des témoignages adéquats). S'il s'agit d'une personne démente ou complètement coupée du monde extérieur, cette vérification est également impossible. Il fallut (et vite!) procéder à des entretiens pour recueillir de la bouche de Mme Calment des éléments historiques et les recouper avec tous les indices obtenus par ailleurs (la trame de l'histoire): ne retenir que des faits vérifiables, des éléments tangibles.

Jamais, au grand jamais, cette approche n'avait pu être faite ailleurs à propos d'un autre ultra-centenaire. Jamais la preuve n'avait pu être apportée. Aucun des prétendus centenaires des vallées des Andes, du Caucase ou des contreforts de l'Himalaya n'a résisté jusqu'à ce jour aux éléments de l'examen critique proposé. Même le cas du fameux Japonais Shigechiyo Izumi n'a pu être retenu!

Nous avons donc choisi d'appliquer ces règles simples, rigoureuses et réalistes, bien que datant de plus d'un siècle, au cas de Mme Calment. Il fallait mettre en adéquation tout ce qu'elle donnerait comme éléments biographiques avec tous les documents que nous pourrions trouver dans les archives. C'est ainsi que l'INSERM s'impliqua avec la Fondation IPSEN et la ville d'Arles. L'un d'entre nous, qui était son médecin traitant, s'occupant de la maison de retraite, entretenait déjà d'excellentes relations avec cette pensionnaire d'exception. Il accepta alors de consacrer une partie de son temps à ce projet et de rentrer à fond dans cette recherche malgré le surcroît de travail que cela représentait. Au fil des mois et des ans, il est devenu de la sorte le confident privilégié de Jeanne Calment.

Il n'y avait, bien sûr, plus aucun témoin des premières années de Mme Calment. Jusqu'à l'âge de cent dix ans, elle était, hors d'Arles, inconnue. Son passage à un deuxième siècle d'existence était passé quasi inaperçu. Les centenaires n'étaient pas portés au pinacle comme aujourd'hui. Elle refusa longtemps les honneurs du maire d'Arles car c'était, à l'époque, un communiste! Comme nous l'avons déjà mentionné, elle ne devint vraiment célèbre qu'à l'occasion du centenaire du passage de Van Gogh en Arles, en 1988. Ils avaient été contemporains. Cette coïncidence cristallisa l'attention du grand public. Elle avait cent treize ans. Sans cette conjonction, peut-être serait-elle encore inconnue? En 1994, la vice-doyenne des Français est décédée à l'âge de cent treize ans sans avoir été étudiée ni avoir eu une reconnaissance nationale. Jeanne Calment est alors passée très vite d'une notoriété locale en Arles à une célébrité mondiale.

Nous avons collecté de nombreux faits vérifiables au cours de multiples entretiens réalisés avec elle en 1992, 1993 et 1994; une grande partie a été enregistrée pour être soigneusement analysée par la suite. Nous apprîmes ainsi que son père Nicolas Calment était constructeur de bateaux, que sa mère était d'une famille de meuniers, que sa marraine était Jeanne Gilles, qu'elle avait eu un frère, François, de dix ans plus âgé qu'elle, mort à l'âge de quatre-vingt-dix-sept ans, qu'elle s'était mariée avec son cousin Fernand Calment, qu'elle avait eu une fille, Yvonne, qui avait épousé un officier, etc.

Tous ces éléments d'informations relevés au cours d'entretiens successifs, ces petits fragments d'une longue vie, devaient être vérifiés dans tous les registres et les archives disponibles. Il fallut donc recourir à des généalogistes et archivistes. Tout comme pour un explorateur qui part dans une nouvelle aventure, la préparation fut longue et minutieuse : sélection de quelques collaborateurs, choix entre les différentes approches, collecte du matériel et des informations, obtention des autorisations, recherche des renseignements. Nous dûmes contacter les Archives municipales et départementales, le procureur de la République, le ministère de la Culture, le maire et la municipalité d'Arles, l'archevêché.

La chance, de nouveau, nous servit, doublement, même : les archives d'Arles sont dans un état exceptionnel de conservation ; de plus, tout le creuset des ascendants de Jeanne Calment est là, parfaitement répertorié. Si l'une seulement de ces deux conditions n'avait pas été remplie, il n'est pas sûr que la tâche eût été possible. Alors qu'Arles se trouve à un carrefour de migration (d'est en ouest entre l'Italie et l'Espagne et du nord au sud le long de la vallée du Rhône), il était loisible de recréer toute son ascendance sur au moins sept générations, depuis le tout début du XVIIIe siècle. Nous pouvions retrouver non seulement sa famille directe mais aussi toute sa parenté, tous ceux qui partagent ou partagèrent avec elle un petit bout de chromosome ! Il devenait possible de connaître la durée de vie de ses ancêtres et d'essayer de départager ce qui lui incombait par son style de vie propre et ce qui revenait à son ascendance génétique. Si ses ancêtres avaient été éparpillés dans toute la France (voire en Algérie par exemple, ou plus loin encore), d'où la nécessité d'explorer les combles, parfois poussiéreux, des services d'archives dans de multiples villes, la tâche eût été trop vaste, trop longue, trop aléatoire. De plus, certaines archives ne sont plus accessibles ou ont disparu; leur état de conservation suppose parfois un travail de consultation par trop fastidieux. Non, chose inespérée, pour Jeanne Calment, tout est parfait; rien ne manque. Cela en fait un cas d'école qui servira de modèle pour valider tous les autres centenaires prétendant atteindre un âge aussi élevé. C'est pour cette raison que les chercheurs du monde entier commencent, enfin, à croire aux cent vingt ans de Jeanne Calment.

Au départ, il s'agissait d'un véritable interrogatoire policier comme si l'on cherchait à établir l'emploi du temps ou à vérifier l'alibi d'un suspect. Elle s'y prêta de fort bonne grâce. Entre-temps, ayant entrepris de contrôler aux archives son âge et divers renseignements, nous découvrîmes une mine extraordinaire d'informations sur sa lignée, sur sa famille ou toutes sortes d'événements locaux qui avaient dû émailler le cours de sa vie. Ces informations étaient « ré-injectées » dans l'entretien suivant afin de réactiver ses souvenirs, d'ouvrir de nouvelles portes qui déboucheraient sur des salles encore inconnues de sa mémoire. Des souvenirs endormis, intacts, qui attendaient là depuis plus de cent ans, pour certains! Nous étions vraiment dans l'état d'excitation d'un égyptologue qui découvre, au détour du labyrinthe inexploré d'une pyramide, une salle, méconnue jusque-là, remplie de trésors. Il nous fallut néanmoins plus d'un an pour mener à bien toute la recherche documentaire.

Au-delà de ces simples mais laborieuses vérifications biographiques avec l'intéressée, les rencontres et les discussions devinrent de plus en plus riches et se transformèrent en véritables échanges d'une réelle saveur. Elle n'avait plus la fierté resplendissante de ses cent dix ans. Nous avions en face de nous une femme diminuée physiquement, certes, mais étonnamment alerte sur le plan intellectuel. Nous dûmes cependant, au départ surtout, contourner les difficultés de ses limites sensorielles. L'objectif initial de valider son âge s'en trouva soudainement élargi : l'idée de recueillir tous ses souvenirs, la mémoire d'un siècle, de savoir comment elle avait vécu tant d'événements, fut retenue. Chaque séance la rendait plus vive, plus rapide, plus pertinente. Loin de lui peser, les entretiens la stimulaient, la motivaient. Elle en redemandait : « Allons, posez-moi encore des questions ! » Elle aimait ces entretiens; nous aussi. De nouveau, elle nous étonna et nous intrigua par ses capacités mentales. Les interviews étaient longuement préparées à l'avance selon un déroulement et une programmation structurés. Malgré cela, son aisance dans la discussion lui permit à maintes occasions de prendre en main leur conduite et leur déroulement. Spectaculaire aussi était la manière dont elle fut capable de recréer pour nous son passé, se rappelant certains souvenirs relatifs à des événements vieux de cent dix ans, le tout avec un luxe de détails ou encore avec les noms des témoins; comment, pareillement, elle oubliait nombre d'épisodes peu gratifiants ou pénibles et ce, malgré une certaine confusion dans la mémoire des faits récents. Avait-elle oublié, de manière active, volontaire bien qu'inconsciente, des épisodes amers de sa vie ou bien n'évoquait-elle jamais délibérément ces souvenirs? De plus, elle se montrait capable de réutiliser (quasi aveugle et sourde qu'elle est) bon nombre d'éléments dont nous avions discuté lors de la séance précédente. Voilà qui relançait complètement l'intérêt scientifique : comment diable pouvait-elle continuer à vivre dans un contexte aussi difficile, à rebondir de séance en séance? Elle était même capable d'améliorer son ouïe. Elle réussit à entendre mieux de l'oreille que l'on croyait condamnée! Tout un projet supplémentaire vit le jour pour lequel nous dûmes alors faire appel à d'autres spécialistes encore, tels que des neuropsychologues.

Mais bien vite, le relevé systématique purement factuel de ses souvenirs a été encore une fois bousculé par Jeanne Calment elle-même. Elle sut peu à peu nous captiver par sa personnalité plus encore que par ses performances mnésiques. Une relation beaucoup plus forte s'est établie progressivement. Elle se prit – ou elle nous prit? – au jeu. Sa joie de vivre, sa malice, son aisance dans l'échange, dans la communication sont allées grandissantes. Nous avions en face de nous une femme qui parvenait à faire oublier son âge, ce qui est d'autant plus étonnant que celui-ci est très grand. L'humour imprégnait ses propos et les éclats de rire furent fréquents.

Deux ans plus tard, le matériel accumulé – scientifique, anecdotique ou historique – est considérable : des heures d'enregistrement, des centaines de documents, des articles, des émissions. Peu de centenaires, même sans atteindre un âge aussi respectable, sont connus à ce point. Nous décidâmes, avec son accord, d'écrire ce livre à partir de tout ce qui ne touchait pas directement à sa vie strictement privée. Les événements trop personnels ou ceux qu'elle jugeait trop confidentiels ainsi que les renseignements purement médicaux ont été écartés. Tous ces souvenirs, à eux seuls, méritent qu'on en rapporte la teneur, le contexte, la coloration et ce sera l'essentiel de ce livre. Nous y avons adjoint de multiples anecdotes, citations, renseignements trouvés par ailleurs.

Quatre ans plus tard, l'incidence de cette démarche est considérable sur le plan mondial. Les meilleurs spécialistes sont maintenant convaincus de la véracité du « cas J. C. » (comme les Américains l'appellent). Actuellement, tous les démographes, sans qu'elle le sache, ont les yeux fixés sur elle. Le fait que Jeanne Calment passe dans sa cent vingtième année change la face du monde *a minima*, sur un plan théorique. Voilà qui peut paraître exagéré : nenni. Très récemment l'humanité vient de prendre un terrible coup de vieux avec la découverte en Éthiopie du plus vieil ancêtre connu de l'Homme : le Ramidus (mot inspiré de la langue afar qui veut dire « racine »). Nous venons de faire un grand bond en arrière, ce nouvel hominidé ajoutant un million d'années de plus au dernier champion en date, la fameuse Lucy, notre grand-mère australopithèque; ce qui nous renvoie à plus de quatre millions d'années en arrière. Ramidus est aujourd'hui le plus vieil ancêtre connu de l'homme; combien de temps a-t-il vécu? À sa manière, Jeanne Calment recule aussi les limites de la vie. La validation de son âge et le fait qu'elle affleure bientôt les cent vingt ans remettent en cause de nombreux concepts.

Que de leçons nous donne-t-elle! Nous vous en livrons, ici, une partie. Ce sont des extraits grossièrement regroupés par thèmes et assemblés comme les perles d'un collier, tirés d'entretiens différents. Nous y avons adjoint des commentaires, des précisions, des compléments. L'essentiel est de montrer Jeanne Calment aujourd'hui, toute proche de ses cent vingt ans à la lumière de son enfance, de sa vie de femme ou de la centenaire qu'elle est devenue il y a presque vingt ans. Il aurait été plus brillant, plus époustouflant de décrire surtout la femme de cent treize ans, celle qui étonnait les journalistes, avait la repartie facile, affrontait avec aplomb et esprit tous les visiteurs venus la questionner : elle était en pleine possession de ses moyens (si ce n'est la vue). Les documents, les témoignages sur cette époque ne manquent pas mais nous avons délibérément choisi de présenter d'abord la Jeanne Calment dans sa cent vingtième année ou peu avant. C'est pour montrer comment l'Homme (avec un grand F en l'occurrence!) peut lutter jusqu'au bout, s'adapter à son environnement pour assumer sa condition humaine jusqu'à son terme ultime; dans quelles conditions il peut arriver jusqu'à cet âge-là. Elle l'a fait, d'autres peut-être feront mieux demain; plus tard, dans quelques décennies.

Pas de doute : lorsque des photos ou des documents filmés nous montrent notre doyenne en 1994, à première vue, le tableau est décevant, désespérant même. Elle est devenue ce qu'on appelle couramment une petite vieille : l'âge a eu raison d'elle. Pourtant, celui qui entre maintenant dans sa chambre, surtout s'il est seul, celui qui l'approche pour la première fois (même s'il ne peut prétendre lier connaissance ou dialoguer avec elle), est vivement impressionné et éprouve rapidement une émotion presque désagréable. Il se mêle à ce sentiment une petite touche existentielle en raison de la valeur symbolique supportée ou endossée par Jeanne Calment en matière de standard. Bien sûr, il émerge très vite l'idée du temps, du temps qui passe, de la persistance de l'individu... des questions sur la vie et le vieillissement. Chacun est renvoyé à son propre destin, à la longueur du fil qu'un jour les Parques couperont sans qu'il puisse raisonnablement prétendre rivaliser avec cette Arlésienne d'exception. Puis l'on se reprend. On constate qu'elle n'est plus très vaillante, qu'elle est dans un triste état de décrépitude physique même si elle garde une sorte de grandeur et de beauté; on se demande s'il y a quelque bonheur à être ce champion de longévité. D'autres, plus pragmatiques, plus réalistes, éprouvent la sensation inverse : Jeanne Calment, ce n'est (plus) que ça? Et ce n'est qu'au fur et à mesure de la conversation que leur opinion change. Ne serait-elle plus qu'un « légume » (ne soyons pas hypocrite, ce n'est pas son genre) qui a gardé un vaste répertoire de réponses passe-partout, un recueil de reparties, de multiples « tiroirs », et qui vit replié sur son lointain passé? Bien que persuadés du contraire, nous vous laisserons seul juge au vu du témoignage que nous rapportons ici.

LE LANCEMENT DE (LA) JEANNE

• *« Madame Calment?*

Oui.

• ***Je viens vous poser quelques questions que nous mettrons dans le livre que nous faisons sur vous.***

Allez-y!

• *Vous m'avez dit que votre père fabriquait des bateaux.*

Oui.

• *Vous rappelez-vous le dernier qu'il a lancé?*

Oui... une mahonne, ça s'appelait la mahonne et il avait mis dessus « Jeanne ». Et je suis allée en mer *(rires)*, je suis allée en voyage!

• *Pour quelle raison l'avait-il appelé Jeanne?*

En souvenir de son travail... c'était le dernier et comme c'était le dernier, il a voulu qu'il ait le nom de sa fille.

• *Vous avez fait un voyage sur ce bateau?*

Oh! non, il n'y avait pas de voyageurs; c'était des marchandises.

• *Qu'est-ce que c'était comme bateau?*

Oh... bizarre; la mahonne, c'était un gros bateau immense, immense, très gros.

• *C'était un bateau en bois, en métal?*

En bois, en bois, et il se chauffait au charbon. Après ç'a été... la mahonne, ç'a été, ç'a été le dernier. Et avant, il avait fait un trois-mâts; il avait fabriqué un trois-mâts.

• *Comment s'appelait le trois-mâts, vous vous rappelez?*
Ah! non, le trois-mâts, non.
• *C'était pour aller sur la mer?*
Ah! oui, pour les marchandises. Les marchandises, en pleine mer.
• *Pouvait-il naviguer sur le Rhône?*
On n'aurait pas pu le mettre! Il était immense... Je m'en rappelle... le dernier, le dernier...
• *Les mahonnes, il y avait quelque chose qui les tirait?*
Je ne sais pas.
• *Elles étaient tirées par des chevaux, des remorqueurs?*
C'étaient de grosses pièces... énormes. Ça marchait au charbon. Et c'était le dernier.
• *Sur la mahonne...*
Eh bien?
• *... il y avait un moteur? à vapeur?*
Non, non, ça marchait au charbon. [...]
Des ouvriers, il y en avait beaucoup et le directeur s'appelait Montino; le directeur des ouvriers, il s'appelait Montino, un Italien.
• *Vous vous rappelez le lancement de* La Jeanne*?*
Eh bien, c'était une mahonne.
• *Est-ce qu'il y avait eu une fête?*
Oui, je comprends!
• *Racontez-moi comment c'était.*
C'était à la Roquette. Toute la Roquette était venue. C'était un dimanche. Toute la Roquette était venue. C'était plein de monde. Et il y avait des ouvriers. Quelqu'un a dit : “ C'est le moment de le lancer. ” Mon père a dit : “ Enlevez les épontilles! ” Alors, tous les ouvriers sont venus. À coups de marteau, ils ont retiré les épontilles. Au dernier, quand le bateau commençait à glisser, la musique jouait *La Marseillaise*!
• *Vous y étiez, vous?*
Oui, mon père a voulu que j'y sois. Je devais avoir une dizaine d'années. Une belle robe.
• *Elle était comment, cette robe?*
Elle était en broderie anglaise blanche avec une grande ceinture de satin bleu sur le ventre et un gros nœud derrière.

• *Vous aviez un chapeau?*

Ah! non, non... une belle coiffure... on m'avait frisée. Ah! j'étais belle!

• *Vous aviez des anglaises...*

Ah! non...

• *... ou vous étiez frisée?*

Frisée, frisée.

• *Qu'est-ce que c'était, l'orchestre qui jouait?*

Peuchère... ça...!

• *C'était la fanfare?*

C'était l'orchestre de la ville... qu'il y avait à l'époque, qui a joué *La Marseillaise*, quand le bateau a glissé.

• *Est-ce qu'il y avait beaucoup d'invités?*

Il y avait le maire, le sous-préfet et des amis. Le... le... le... directeur, celui... Gilles! qui a fait un bateau, eh ben, le constructeur.

• *Vous l'avez baptisé, le bateau?*

Ce n'est pas moi, c'est mon père; j'avais dix ans, moi! C'est mon père!

• *Il l'a baptisé avec une bouteille de champagne?*

Naturellement... obligatoire! Il était... mon père était très aimé des ouvriers et quand ç'a été le moment, il les a invités à sa table.

• *Il les a invités?*

Eh bien, il a fait ajouter une table pour eux.

• *C'était un grand repas, alors?*

Pas un repas, un apéritif... il y a eu du champagne.

• *Et ce bateau, vous l'aviez fait bénir?*

Ah! oui! Il y avait le curé, à l'époque. Il y avait... il venait avec tous les accessoires : le curé, les deux vicaires, en grande tenue. Ils ont... Mon père a dit : “ Bénissez le bateau! ” Les prêtres ont béni le bateau. Quand le bateau commençait à glisser, *La Marseillaise* jouait. Ah! je m'en rappelle, de ce jour... Belle fête!

• *C'est une fête qui avait duré un bon moment?*

Ben oui... assez. Avant que toutes ces épontilles... il y avait beaucoup d'épontilles, beaucoup, le bateau était très gros et ça a duré, les coups de marteau ont duré un bon moment. Ah! pecaire! Mon père, au curé : “ Bénissez. ” Après la bénédiction, le bateau a glissé lentement. [...] Je suis partie en voyage!

• *Vous aviez quel âge, à ce moment-là?*

Une dizaine d'années, huit ou dix ans, oh! pas plus...

[...]

• *Quel jour sommes-nous, aujourd'hui?*

Mercredi.

• *Et quel mois?*

Septembre.

• *Et quelle date?*

Le 5! »

Ce texte est un court passage, un exemple tiré d'un des derniers entretiens avec Mme Calment, passage retranscrit ici presque dans son intégralité. Au prix de quelques longueurs et des inévitables scories du langage parlé, au risque de lasser parfois le lecteur pressé, avide de sensationnel, le souci de transmettre cet entretien a prévalu. Il a été enregistré le 7 septembre 1994, à onze heures du matin en Arles, dans la chambre qu'elle occupe, depuis presque dix ans, à la Maison du Lac, dans l'enceinte du Centre hospitalier. Cette partie de la conversation n'a pas duré plus de dix minutes. Jeanne était en forme. Son ton était vif, incisif même; son débit oratoire rapide comme à l'habitude, avec un soupçon d'impatience. Elle avait ce jour-là cent dix-neuf ans, six mois et dix-sept jours.

Nous sommes bien mercredi mais aujourd'hui, c'est le 7 septembre. Nous avons devant nous une petite vieille, toute recroquevillée dans son fauteuil, qui serre son mouchoir entre ses deux mains et parfois associe le geste à la parole pour illustrer sa réponse. L'un d'entre nous, son médecin, tête contre tête avec elle, lui formule des questions. Les deux autres, en retrait, analysent les échanges et compteraient presque les points entre les deux protagonistes, proposant à l'occasion de développer une question ou orientant le dialogue. Mme Calment est totalement aveugle et fort sourde, presque coupée du monde. Pour elle, le temps coule au ralenti; il s'est presque arrêté. Il ne doit pas avoir la même densité, la même consistance que pour les autres mortels. Nous l'incitons à revoir son lointain passé et, malgré cela, elle ne se trompe pas dans la chronologie de ses souvenirs. Nous avons tenu à reporter fidèlement, scrupuleusement, comme sur un cahier d'écolier, la date de cet entretien. Pourquoi pareil souci? À la fois pour placer cet événement dans sa temporalité, dans ce qu'il a d'unique et d'authentique – un fait qui devient un nouveau fragment supplémentaire de son gigantesque passé – mais aussi pour montrer l'acuité chronologique de Mme Calment. Isolée dans le temps et dans l'espace, elle n'a plus que très peu de repères disponibles et peu de raisons d'en avoir ou d'en vouloir. Une légère erreur de chiffre mais, sur le fond, c'est exact. Beaucoup d'autres contemporains, dans cette sorte de cachot noir et silencieux où elle passe ses jours depuis longtemps, auraient déjà perdu la notion du temps si ce n'est le moral.

La scène est cocasse et touchante à la fois. Il faut lui parler fort et même parfois crier, au creux de son oreille, avec l'accent du Midi pour avoir de bonnes chances d'être compris. Nous sommes trois et hommes; elle est seule et femme. Elle n'a pas toujours la partie facile; pourtant, elle est gaie et rit souvent.

Le fond et la forme des propos rapportés ici pourraient paraître ordinaires à bien des égards : il n'en est rien. Le lancement du dernier bateau de son père est un thème qu'elle a déjà évoqué lors de multiples entretiens ou interviews mais, cette fois encore, elle l'a enrichi de détails supplémentaires, inconnus jusqu'alors. En quelques phrases, en quelques réponses, elle nous donne un magnifique exemple de son brio, de sa mémoire encore prodigieuse, de son art de la conversation et surtout de sa remarquable agilité mentale.

La richesse de son vocabulaire a de quoi surprendre :

« mahonne », « épontille ». Pour mahonne nous avions cru, au début, que ce mot venait de Mac-Mahon (sous la présidence duquel elle est née) puisqu'un ministre des Transports de la même époque, Freycinet, a bien donné son nom à un modèle de péniche. En fait, une mahonne, du turc « mâouna » désigne un chaland de port, à formes très arrondies, utilisé en Méditerranée, ou un petit caboteur. Et qui sait, aujourd'hui, que les petits pieux qui soutiennent un bateau en construction s'appellent effectivement des épontilles? Bien sûr, elle a de bonnes raisons d'avoir appris ces termes, vu le métier de son père, mais il y a plus de cent ans de cela; la scène s'est passée un beau dimanche de juin, sur les bords du Rhône, vers 1885 ou un peu avant. Encore fallait-il garder ces mots en mémoire pendant plus d'un siècle et pouvoir les retrouver dans le feu d'une conversation. Elle nous montre aussi comment elle se souvient des noms patronymiques, le nom du contremaître du chantier, par exemple. Qui ne connaît pas la difficulté à mémoriser des noms propres et à les retrouver dans le fatras de ses souvenirs?

Si elle se souvient si bien des noms ou des mots, les images ou les sons ont laissé des traces tout aussi vivantes dans sa mémoire. La fête, le lancement de *La Jeanne*, la robe qu'elle portait ce jour-là : elle les voit comme si c'était hier. Les sons de l'orchestre, les coups de marteau sur les épontilles, elle les entend encore.

Elle nous donne aussi une leçon de son art de la conversation malgré sa surdité majeure dont témoignent certaines répliques du texte. Elle fait répéter certaines questions mais elle utilise habilement son déficit comme alibi devant des réponses trop difficiles à apporter ou des sujets qu'elle ne veut pas aborder. Au départ, elle élude les trop nombreuses questions directives (dites fermées) qui se soldent par un « oui » sec et sans appel. Dans d'autres cas, Jeanne Calment sait déclarer forfait et ne pas solliciter inutilement sa mémoire.

À l'occasion, devant des questions difficiles, elle se dégage et s'échappe, confondant son interlocuteur. « Vous l'avez baptisé ce bateau? » : ce n'est pas elle qui, âgée de dix ans seulement, pouvait baptiser un bateau! Lorsque les questions sont trop simplistes, elle les refuse. Si elle a conscience de ne pas trouver parfois le mot juste, la formule exacte, l'expression voulue, elle choisit un terme approché, une approximation, plutôt que d'interrompre le fil de son discours : ainsi lorsqu'elle dit « directeur », après quelques tâtonnements, c'est peut-être « ingénieur » qu'elle cherchait. Pourtant, avec le recul, elle sait qu'une partie de sa mémoire part en lambeaux. Elle en a bien conscience; tantôt elle le reconnaît, tantôt, à bout d'arguments, plutôt que de capituler, elle pourrait presque fabuler tellement sa capacité d'invention est préservée. Souvent elle nous a dit, en parlant d'un mot difficile à trouver : « Il ne veut pas venir. » Elle nous montre au passage son attrait pour les fêtes, pour la vie sociale, pour les apparats, le respect des formes et du protocole, pour les beaux atours, autant de choses qui tiendront tant d'importance dans le siècle de sa vie qui suivra le lancement de *La Jeanne.*

Plus subtil encore est son sens de la métaphore ou de l'évocation poétique : lorsqu'elle nous dit, avec un petit rire, car elle se surprend elle-même, qu'elle est allée en mer, qu'elle était en voyage... c'est que, Jeanne, à la fois la petite fille de jadis et la vieille dame d'aujourd'hui, s'assimile à *La Jeanne*, la mahonne, comme elle, l'œuvre de Nicolas Calment, charpentier naval. Elle-même et le bateau de son père ne font plus qu'un. De la sorte, à de nombreuses autres occasions, aux détours d'une phrase, voire d'un mot, elle laisse poindre son admiration pour ce père qui lui a dédié son dernier bateau et cette relation sera, toute sa longue vie, un élément essentiel de sa personnalité.

Ce ne sont pas seulement ou pas tellement les souvenirs de Mme Calment que nous voudrions exposer dans ce livre mais plutôt Jeanne Calment elle-même. Suivez-la; comme elle le dit au début de l'entretien, d'un ton décidé : « Allez-y! »

HISTOIRES DE FAMILLE

• *« Parlez-moi de votre père.*

Mon père construisait des bateaux. Vous le savez? Oui. Oh! le beau bateau; quand on l'a vu dans l'eau... mais je vous l'ai déjà raconté; je ne vous l'ai pas raconté, ça?

• *Est-ce que vous avez d'autres souvenirs?*

Je me souviens quand l'État a remercié mon père et qu'il a fait son dernier voyage, il y a eu une grande fête. À ce moment, le progrès est arrivé : l'électricité, le progrès a tué la situation de mon père... on ne l'a pas remercié : on lui a fait une situation. Je me rappelle plus.

• *C'était votre père qui parlait le plus de politique?*

Ah! oui, naturellement, mon père était conseiller, il était conseiller à la mairie.

• *Qu'est-ce qu'il faisait, à la mairie?*

Eh bien, ce que les conseillers font! Chacun a son emploi. Chacun s'occupait de ce qu'il avait à faire.

• *Et qu'est-ce qui l'intéressait?*

Ah! ça, vous m'en demandez trop!

• *Vous êtes-vous occupée de politique?*

Eh bien, j'écoutais ce que mon père disait, ce que mon mari disait. J'étais naturellement du parti de mon mari. L'affaire Dreyfus a fait beaucoup de bruit mais de quoi il était question, je ne sais plus. Je ne suis pas une fana de politique.

• *Votre mère, elle parlait de l'affaire Dreyfus?*

Ah ! maman, elle était neutre. Elle donnait raison à son mari ; elle en parlait comme tout le monde mais elle en parlait comme ça, comme les femmes de l'époque. Elle s'intéressait à tout et à rien.

• *L'accouchement de votre fille s'est bien passé?*

Très bien. Oui, il s'est passé normalement et chez moi, dans ma chambre, à Arles. À l'époque, on n'allait pas à la clinique. On accouchait chez soi... Avec la sage-femme... l'accoucheuse, c'était une femme, Mme Lelière. Mme Lelière était capable... C'était elle qui m'avait accouchée.

Ça s'est passé très bien, avec facilité. Elle était capable, c'était la meilleure dame. J'avais un tempérament qui s'y prêtait beaucoup ; j'ai beaucoup aidé ; l'accouchement s'est fait tout seul, comme tout ce que je fais. Tout de suite, pour que ça aille vite.

• *Parmi vos ancêtres, parmi les femmes, il y a eu beaucoup d'accoucheuses.*

Ah ! oui. Il y en a une qui s'appelait Mme Lelière.

• *Ça, c'est celle qui vous a accouchée?*

Qui avait accouché ma mère... Je crois, et moi aussi, moi aussi, Mme Lelière ; c'est elle qui m'a accouchée... Eh ! oui ! Mais, je ne lui ai pas donné beaucoup de peine. J'ai accouché facilement ; il paraît.

• *Et Yvonne était un joli bébé?*

Tous les bébés sont beaux.

• *Vous étiez heureuse, à ce moment-là?*

Pas plus qu'à présent. Chaque époque a son bonheur et ses ennuis.

[...]

• *Avec qui s'est mariée Yvonne?*

(Elle bafouille...) Un fils, le petit fils préféré... elle avait épousé le colonel Billot.

• *Elle était heureuse, en ménage?*

Maintenant, quand elle est morte, lui m'a dit : « est-ce que je peux vous tutoyer? Mais bien sûr ! »... Il est resté toute sa vie libre. C'est rare.

• *Et elle s'est fiancée directement avec le colonel Billot?*

Oui, tout de suite. Mon gendre a été ravi. Il lui a plu tout de suite. D'abord, avant de se décider, ils ont pu causer un peu. Ils se sont rencontrés, ils ont causé et d'après sa causerie, mon gendre a été emballé.

• *Vous vous rappelez le mariage d'Yvonne?*

Ben...! Comment ne pas se rappeler! À Sainte-Trophime... Je crois que c'était comme tous les mariages; il y a une messe, la messe nuptiale, la robe de mariée. C'est classique. Un grand repas, de la musique...

• *Est-ce que vous vous souvenez de la robe de mariée d'Yvonne?*

Oui, bien sûr! C'est moi qui l'ai commandée. Elle était en satin blanc, naturellement. Elle n'était pas en rouge! Elle était belle. Oh! la robe classique. Le corsage, la traîne... Naturellement. Le grand voile, la couronne. D'habitude, on met la couronne de fleurs d'oranger mais Mme Arel lui avait payé des branches de lilas; une couronne de lilas. [...] Moi, j'avais la couronne que ma marraine m'avait payée. »

Le 21 février 1875, vers sept heures du matin (pour les astrologues, elle est donc du signe des Poissons), un dimanche, naissait rue Du Roure, en Arles, sur la rive gauche du Rhône, dans le quartier de la Roquette qui était, avec celui de Trinquetaille, un quartier de mariniers et de bateliers, Jeanne Louise Calment. Son père, Nicolas, charpentier de marine et sa mère, Marguerite Gilles, étaient alors tous les deux âgés de trente-sept ans. Le pont de Trinquetaille venait juste d'être terminé. C'était une construction métallique rivetée, le dernier cri du progrès qui remplaçait un fragile pont flottant, fréquemment rompu ou emporté par les crues du fleuve. La Crau et la Camargue étaient enfin reliées par un ouvrage en dur et une expression fit vite le tour de toute la Provence : « Solide comme le pont de Trinquetaille », un véritable signe prémonitoire! Personne ne savait encore que la petite fille qui venait de pousser son premier cri était aussi solide que le pont, et plus même, car elle lui survit encore (le pont a été détruit par les bombardements américains, le 15 août 1944).

L'inauguration du pont fut l'occasion de fêtes fantastiques dans toute la ville, célébrations qui firent la une du journal *L'Illustration* : jeux nautiques, concours de musique, ferrades [1], pégoulades [2], cavalcades et corridas. Il y eut même le départ d'un aéronaute en montgolfière à partir des fameuses arènes romaines. Les jeunes Arlésiennes en costumes furent à l'honneur. Si *L'Arlésienne*, célébrée par Daudet et mise en musique par Bizet quelques années plus tôt, évoquait une femme qui n'apparaissait jamais (« celle dont on parle toujours et qu'on ne voit jamais »), Jeanne Calment allait devenir l'Arlésienne la plus célèbre au monde, la plus vue, la plus connue et la plus entendue.

Pas moins d'un an de travail pour rechercher et examiner tous les éléments pertinents pour notre projet dans les archives d'Arles ! La ville est, à juste titre, très fière de son service des Archives : les locaux sont situés dans l'ancien hôtel-Dieu ou Maison de santé, dont les bâtiments et le jardin carré au milieu du cloître aux colonnes ocre ont inspiré Van Gogh lorsqu'il y fut hospitalisé. Le fonds documentaire est vaste, facilement accessible et très bien répertorié. Ceci permit d'abord de reconstruire toute la généalogie de la famille Calment. La loi française n'a pas, jusqu'à maintenant, prévu qu'on puisse devenir centenaire. La personne centenaire « tombe dans le domaine public », pour tout ce qui a trait à son état civil. Le délai de libre consultation pour certaines archives est de cent ans (à partir de la date de naissance, de cent cinquante ans pour les données médicales, de cent vingt ans pour les dossiers de personnel employé et de cent ans pour le reste) – loi du 8 janvier 1979 –, c'est-à-dire qu'avant ce délai seuls les intéressés, leurs ayants droit ou le procureur de la République peuvent consulter certaines pièces (alors que tout requérant peut obtenir de simples extraits d'état civil,

1. Ferrade : marquage au fer des chevaux ou des taureaux.
2. Pégoulade : (de « pégots », torches ou flambeaux enduits de pougue, poix ou résine en provençal) sorte de retraite aux flambeaux.

par exemple). Passé les termes indiqués, ces documents sont versés aux archives et tout citoyen a la possibilité de les consulter, même ceux concernant un centenaire encore vivant. Peut-être, en raison de l'afflux nouveau de centenaires avec certains d'entre eux qui atteignent cent vingt ans, faudra-t-il revoir la loi? D'après Frédéric Mistral (dans *Lou Trésor dou Félibrige*, son œuvre principale), Calment est un nom d'origine provençale issu de « calaman » ou « caraman » qui signifie arêtier, faîtage de toit, toute pièce de bois qui soutient les solives, les poutres. Les père, grand-père et arrière-grand-père de Nicolas Calment étaient tous charpentiers puis charpentiers de marine, constructeurs de navires, à une époque où les chalands étaient faits en bois. L'arrivée du chemin de fer et la construction de péniches en acier mettront un terme à cette profession, en Arles comme ailleurs. Voilà peut-être pourquoi Jeanne Calment n'aime guère l'idée de progrès : « Le progrès a tué l'activité de mon père. »

Quelques années après la naissance de Jeanne, une lettre atteste de la prospérité de l'entreprise de Nicolas Calment : en décembre 1880, il écrivait au maire de la ville en vue d'obtenir un terrain suffisamment grand pour son chantier, faute de quoi il transférerait son atelier à Port-de-Bouc (à l'entrée de l'étang de Berre, à trente kilomètres de là) « ce qui serait pour le pays une perte considérable », car Nicolas Calment comptait employer soixante à quatre-vingts ouvriers : il devait mettre trois bateaux en chantier qui seraient suivis par trois autres. Il y a fort à parier que l'un d'entre eux, le dernier, fut *La Jeanne*. L'histoire ne dit pas si le chantier a été transféré mais cette activité s'est progressivement arrêtée à cette période et Nicolas Calment est resté en Arles. Il est devenu, comme le précise Jeanne, conseiller municipal, et son nom figure dans les délibérations de cette assemblée avec un autre Calment, Pierre, qui habitait place Lamartine et qui travaillait pour les assurances *La Providence*. Il vécut des différents biens qu'il avait amassés, des propriétés agricoles qu'il possédait dans la Crau, à Saint-Martin, ou dans les Alpilles (en particulier le mas du Paradou); il y avait différentes cultures, comme à l'époque, et l'on faisait aussi du vin et du fromage de chèvre. Le père prit la place du fermier qui jusqu'alors s'occupait de l'exploitation. Jeanne aimait courir dans les champs ou s'occuper des vaches.

Dans la famille Calment, pour ce qui est des femmes, on retrouve une longue lignée de sages-femmes, de « leveuses », selon le nom de l'époque qui remonte avant la Révolution. Elles devaient savoir ondoyer les enfants car un grand nombre mouraient à l'accouchement ou dans les premières heures de la vie; l'ondoiement est un baptême pratiqué par un laïc en cas d'urgence. Toute une branche de la famille installée en pleine Camargue (mas de Gageron, de Cabanes, d'Agon... dans les paroisses de Sansouïrre et de Villeneuve) s'appelle les Garrigue; ils furent des fermiers (ou ménagers).

Du côté de la mère de Jeanne Calment, dans la famille Gilles, les hommes furent meuniers de père en fils. Les moulins étaient nombreux dans la ville et dans tous les environs; la plaine était riche en champs de blé et les vents, la tramontane ou le mistral, mis à profit. Jeanne a bien connu le dernier de la descendance, Claude Gilles, son grand-père maternel, décédé en 1898 à l'âge de quatre-vingt-deux ans.

Jeanne garde un souvenir très vif et précis de son frère François, duquel elle est toujours restée très proche. Avant eux, il y avait eu deux autres enfants dans la famille, Antoine et Marie, qui moururent en bas âge. Jeanne n'en a gardé, aujourd'hui, qu'une très vague notion.

Jeanne Calment s'est mariée, en l'église Saint-Césaire, avec son cousin Fernand Nicolas Calment. Elle n'a donc jamais changé de nom! Les pères des mariés étaient cousins germains à double titre : ils étaient fils de deux frères, Nicolas et Antoine Calment, qui eux-mêmes avaient épousé deux sœurs, Marie Anne et Anne Poujeaud [1]! Un mariage entre cousins issus de germains n'était pas chose rare à cette époque. Un des témoins de ce mariage fut Émile Fassin, le mari de la tante du marié, avocat et historien qui deviendra plus tard maire d'Arles. De la cérémonie de mariage, Jeanne

1. Voir l'arbre généalogique dans les annexes.

Calment dira plus tard : « Ce fut une belle fête, un événement; toute la Roquette était venue à l'église. »

Fernand Calment, le mari de Jeanne donc, de sept ans son aîné, hérita d'un magasin de tissus très prospère, dirigé par son père puis par sa mère. Situé au cœur de la ville, le *Grand Magasin de Nouveautés Veuve Jacques Calment et Fils* était la maison la plus vaste et la mieux assortie de la région : draperies, lingeries, soieries, rouennerie. C'est ce commerce qui fit l'aisance de Jeanne.

Le père de Jeanne Calment n'avait aucune parenté connue avec son épouse, Marguerite Gilles. Et si notre doyenne a cumulé des gènes de longévité, c'est le fruit du hasard. Voilà qui peut paraître curieux. À première vue, chacun dirait qu'elle est issue d'une longue lignée longévive : la plupart de ses ascendants sont effectivement longévifs (on le verra plus loin) mais ce n'est pas une filiation, il n'y a pas de lignée à proprement parler; c'est une illusion généalogique! Tous se sont rencontrés et mariés au hasard de la vie; ils ont chacun apporté un petit capital chromosomique de longévité. Il en va de même pour son mari : ses deux parents n'avaient pas de lien de sang (en tout cas connu, mais cela reste fort peu probable, vu toutes les recherches effectuées jusqu'à ce jour).

Lorsque le terme de famille est utilisé à propos des descendants d'une personne (dont le nombre peut prendre toutes les valeurs possibles), il y a effectivement un lien génétique. Tous les membres peuvent partager plusieurs gènes de cet ancêtre commun. Si ce dernier avait un caractère génétique particulier, dominant ou récessif (c'est-à-dire qui se manifeste forcément ou accessoirement), il a pu le transmettre à tout ou partie de sa descendance.

Supposons qu'un individu acquière un gène hypothétique très spécial assurant une grande longévité à la suite d'une mutation (à savoir un petit changement dans un chromosome en raison d'une erreur lors de la duplication); tous ses descendants pourront avoir ce gène, qu'il s'exprime (c'est-à-dire qu'il se manifeste extérieurement) ou non. En revanche, si le terme de famille est utilisé à propos des ascendants dont le nombre est toujours une puissance du chiffre deux (deux, quatre, huit, seize, trente-deux, etc.), ce sont des personnes qui n'ont pas de liens génétiques, sauf mariages consanguins. En fait, ce n'est pas tout à fait vrai; le choix du conjoint par l'intéressé ou par sa famille n'est pas tout à fait le fruit du hasard pour au moins trois raisons.

En premier lieu, il est clair qu'il existe, dans la sélection des prétendants possibles, un facteur social important et que ce facteur influe fortement sur de nombreuses caractéristiques de l'individu, en particulier sur la longévité. En France, l'espérance de vie est étroitement corrélée au niveau social.

D'autre part, tous les ascendants se sont souvent choisis dans une même région et on sait qu'il y a une distribution géographique des gènes, sans même parler des vallées isolées où il s'agit plutôt de mariages entre familles éloignées. À titre d'exemple, il existe des groupes sanguins appelés H.L.A., comme les groupes A.B.O. (A, B, AB, O) ou les groupes Rhésus (+ ou –). Alors que ces derniers qui concernent les hématies (les globules rouges) sont très importants pour la compatibilité des transfusions sanguines, les groupes H.L.A. qui concernent les leucocytes (les globules blancs) conditionnent le succès des greffes d'organes. Or, l'étude de la répartition des groupes H.L.A. en France montre que les différentes régions de notre pays sont très dissemblables et même particulièrement typées. Ainsi, il y a des probabilités beaucoup plus grandes, lorsque les deux parents sont originaires d'une même région, d'avoir des enfants de même groupe H.L.A. que lorsqu'ils viennent de régions différentes. Il existe une sorte de renforcement de certains groupes H.L.A. au détriment des autres. On peut de la sorte imaginer qu'il y ait eu une plus grande proportion de gènes favorisant la longévité dans la région d'Arles qu'ailleurs. Le fait pour tous les ascendants de Mme Calment de s'être choisis dans ce même endroit peut avoir renforcé des prédispositions à la longévité.

Le troisième point est plus subtil : lors du choix d'un conjoint, d'une personne qui va assurer notre propre descendance, nous privilégions, d'une manière surtout inconsciente, des candidats porteurs de gènes semblables aux nôtres. En effet, une des finalités du mariage est bien d'assurer notre pérennité génétique, de promouvoir la diffusion de nos propres gènes, ce qui est, en partie, le propre de notre individu. En choisissant « une moitié » qui possède des gènes similaires aux nôtres, nous augmentons de la sorte les chances de diffuser nos propres gènes. Chacun choisit un conjoint presque identique pour avoir des enfants qui lui ressemblent encore plus. Rien n'interdit de penser que de nombreux ancêtres de Mme Calment se soient choisis (eux-mêmes ou leurs familles), sans le savoir ou sans le vouloir, car ils étaient porteurs de gènes favorisant la longévité. Ainsi, peu à peu, il y aurait eu une concentration, un enrichissement unique de ce type de gènes, ceux de nature à permettre une existence aussi longue.

Ce support actif ou cette sélection naturelle d'un certain type de patrimoine génétique existe même hors de la procréation, hors de la reproduction. Supposons qu'il existe un gène de la musique, hypothèse totalement farfelue mais utile pour la démonstration ; « avoir le don de la musique » recouvre pourtant bien cette idée. Un adulte musicien va durant sa vie encourager, protéger, privilégier, favoriser tous les jeunes (même s'ils ne sont pas de sa famille), ses élèves par exemple, qui ont des prédispositions pour la musique et ce, au détriment des autres. Il va de la sorte promouvoir des gènes qui sont semblables à ceux que lui-même porte. Ceci est finalement rassurant ou consolant pour ceux qui n'ont pas eu d'enfants. Dans une famille, un oncle ou une tante (sans enfants ou même avec) favorisera, peu ou prou, sciemment ou non, les neveux et les nièces qui lui plaisent, lui ressemblent et sans doute portent des gènes plus proches des siens que les autres membres de la fratrie.

En revanche, lorsque l'on regarde la double parenté du couple Jeanne Calment-Fernand Calment, tout laisse penser qu'un tel degré de consanguinité pouvait permettre un cumul de gènes en faveur d'une longévité exceptionnelle dans leur descendance. Hélas, il n'en fut rien !

Jeanne Calment n'a eu qu'un seul enfant : une fille, Yvonne, qui se maria avec Joseph Billot. Elle n'aura qu'un seul petit-enfant, Frédéric Billot, qui, lui-même, n'aura pas de descendance. Ses deux descendants sont morts à l'âge de trente-six ans ! Voilà pourquoi ce chiffre a toujours été considéré par Jeanne comme fatidique. Peut-on penser qu'elle redoute l'âge de cent trente-six ans ? Toujours est-il que la lignée de Mme Calment s'est éteinte. D'ailleurs, son frère, François, ne s'est pas marié et n'a pas eu d'enfants. Le gendre de Jeanne était militaire et il termina sa carrière au grade de colonel. Après le mariage de Frédéric, le colonel Billot, veuf depuis longtemps, vint s'installer chez elle. Elle s'entendait très bien avec lui et elle nous fit plusieurs fois remarquer qu'un tel accord était plutôt rare : elle ne représentait pas l'image typique de la belle-mère. Son unique petit-fils fit ses études de médecine et se spécialisa comme O.R.L. C'est sans doute grâce à lui qu'elle connaît encore des expressions médicales très précises, dont elle usa récemment, comme « asialie » (manque de salivation).

Chose curieuse, le nom de Calment, avec ses diverses orthographes, patronyme qui était très répandu au XIXe siècle dans la région d'Arles, a presque complètement disparu aujourd'hui. Lorsqu'on le recherche dans la France entière, on s'aperçoit qu'il est devenu très rare. Même les patronymes voisins, sans doute de même origine, comme Calmens, Calmant, Clament, Calaman ont également disparu ; seuls Clamens, Calmen et Carment sont parfois retrouvés. Il n'existe guère d'explication à propos de cette constatation bizarre, un peu en contradiction avec la vivacité de la souche Calment. Le seul nom qui persiste dans l'annuaire téléphonique du département des Bouches-du-Rhône (ou sur le Minitel) est le sien, parce qu'elle l'a donné à une maison de retraite (qui n'est en fait pas celle où elle vit actuellement).

La « technique » de Mme Calment dans la conversation apparaît clairement : chaque fois qu'elle n'a pas la réponse à une question, elle répond par une évidence ou une généralité. Que faisait son père à la mairie ? Ce que les conseillers font...

chacun s'occupait de ce qu'il avait à faire ! Plus loin : tous les bébés sont beaux !

Elle dit ne pas s'être beaucoup occupée de politique ; c'était peut-être vrai quand elle était jeune mais plus tard elle s'y intéressa beaucoup. Elle a toujours eu un faible pour Raymond Barre.

À propos de son accouchement, elle nous dévoile un élément important : son empressement permanent, son impatience de chaque instant, son besoin que tout aille vite, que rien ne traîne. Autre élément majeur : elle n'a pas la nostalgie d'un bonheur passé, d'une époque révolue à laquelle elle accorderait sa préférence dans un regret permanent. Voilà qui contraste fortement avec tant de nos contemporains qui pleurent sur leur jeunesse, sur les beaux jours de jadis, dépréciant et négligeant de la sorte leur présent. Lorsque vous serez bien vieille (ou vieux), le soir... pourrez-vous, vous aussi, dire tout comme elle : « J'étais heureuse mais pas plus qu'aujourd'hui » ?

AH! MES AÏEUX!

• *« Comment était votre père? Il était grand?*

Oui, ce n'était pas un géant, de taille moyenne.

• *Il s'appelait comment?*

Nicolas.

• *Et votre mère, elle s'appelait comment?*

Marguerite... Elle était charmante, mignonne. C'était une Arlésienne, mignonne, fine. ... Ah! très douce.

• *Elle vous gâtait, elle aussi.*

Ah! beaucoup. J'étais beaucoup gâtée, beaucoup.

• *Vos parents vous aimaient beaucoup, alors?*

Beaucoup. J'étais leur fierté.

• *Gilles, c'est le nom de qui?*

C'est le nom de ma grand-mère, de mes grands-parents... du côté de mon père.

• *Vous êtes sûre? Votre père, il s'appelait comment?*

Nicolas Calment.

• *Voilà. Mais qui s'appelait Gilles?*

Mes grands-parents, ma marraine, tous mes parents.

• *Mais de quel côté?*

Du côté de mon père.

• *Votre mère s'appelait comment?*

Marguerite Gilles.

• *C'est donc du côté...*

Oui, oui, du côté de ma mère. Tous les autres, c'est des Calment.

• *Madame Calment, votre marraine, c'était qui?*

Ah! c'était une tante, Jeanne Gilles... Elle était grande, de grande taille. C'était une pure Arlésienne... Elle était très gentille. Elle me gâtait beaucoup... Oh, des gâteaux, des gourmandises. C'est elle qui m'a offert ma couronne de mariée.

• *Et votre parrain, c'était qui?*

C'était un... c'était un diplomate... Louis, Louis Pages... Ah! je le voyais pas souvent, je ne voyais que ma marraine. Mon parrain, je ne le voyais guère. Il habitait dans la rue du Théâtre. C'était un parent qui voyait mon père de temps en temps.

• *Est-ce qu'il vous offrait des cadeaux?*

Pas tellement. Il n'était pas généreux.

• *Vous aviez un frère aussi?*

François... Il avait sept ans, euh... dix ans de plus... Il est mort à quatre-vingt-douze ans, non, quatre-vingt-dix-huit. Presque! Mon père, quatre-vingt-seize.

• *Vous avez connu votre mari à ce moment-là?*

Ah! mais c'était mon cousin. Quand je suis née, mon cousin avait sept ans. Vous m'entendez?

• *Oui, oui.*

Nous avions sept ans de distance... et plus tard, il a épousé la cousine. C'était pas une beauté! »

Nous nous étions décidés à vérifier et authentifier l'âge de Jeanne Calment. Riche idée et louable ambition, mais difficile approche et dur travail! Qu'un être humain puisse atteindre un âge pareil était quasi inadmissible pour la communauté scientifique. Chaque année supplémentaire diminuait la crédibilité de ce record. Pour les spécialistes des questions de longévité, le cas « Jeanne Calment » était peu à peu assimilable aux supercentenaires de la vallée de Vilcabamba dans les Andes ou des plaines du Caucase. Pour eux, devenir centenaire était facile : il suffisait d'oublier ou d'égarer son état civil. Un tel refus de reconnaître notre doyenne française était inacceptable et tout fut mis en œuvre pour valider son âge.

Tous les cas de faux centenaires ont été soigneusement étudiés par les érudits britanniques de la fin du XIXe siècle comme Thoms, dont nous avons déjà parlé, ou Young : il existait souvent des confusions dans les certificats de baptêmes et de décès avec des homonymes, appartenant en général à la même famille. Aucun des cas historiques de longévité extraordinaire n'a pu être retenu avec une lecture critique de ce genre. La cause de falsification la plus répandue est simple : il existait dans les familles une tradition qui consistait à perpétuer un prénom attribué systématiquement au premier-né. Si celui-ci mourait, ce qui était fréquent puisque la mortalité infantile dépassait 50 % de la fratrie avant l'âge de dix ans, les parents redonnaient ce même prénom, dix ou vingt ans plus tard, à un autre enfant, parfois de manière répétée. Ce dernier-né reprenait parfois l'état civil de son aîné, par simple erreur ou pour échapper à la conscription, pour bénéficier d'un quelconque droit d'aînesse ou pour toute autre raison. Il n'était pas rare non plus qu'il y ait confusion avec un père ou une mère, un oncle ou une tante. Il était facile de gagner de la sorte une ou deux décennies d'âge, voire plus. Tous les supercentenaires furent invalidés de la sorte.

Pour établir avec une certitude quasi absolue l'âge de Mme Calment, il nous a fallu étudier systématiquement tous les registres civils et religieux de la ville d'Arles en balayant plus de trente années, à la recherche d'une autre Jeanne Calment avec laquelle il aurait pu y avoir substitution ou confusion. Il fallut se rendre à l'évidence : il n'y en avait pas. Jeanne Louise Calment était bien unique, benjamine d'une famille de quatre enfants. Si elle avait été présentée comme l'aînée de la famille, le risque d'une substitution aurait été possible : endossant et usurpant l'identité de son aînée, elle aurait pu de la sorte augmenter son âge d'une dizaine d'années, ou davantage. Mais comme elle revendique la place de dernière de la fratrie, ce risque de confusion n'existe pas.

Ce fut l'occasion de pister notre doyenne tout au long de sa vie. Il existe six documents d'état civil la concernant directement qui s'enchaînent sans aucune ambiguïté. Dans l'ordre, ses actes de naissance et de mariage, les actes de naissance, de mariage et de décès de sa fille et enfin l'acte de décès de son mari. De plus, sept actes d'état civil indirects (où elle n'est pas directement impliquée) confortent l'ensemble dans une parfaite succession chronologique : le mariage et le décès de sa mère puis de son père, le décès de son frère, la naissance, le mariage et le décès de son petit-fils. Ces treize documents couvrent globalement une période allant de 1881 à 1963. Après cette date, Mme Calment n'a plus de famille proche et l'état civil n'est d'aucun secours pour la suivre. Les registres paroissiaux permettent également d'apporter des éléments complémentaires pour confirmer la véracité de son âge : son acte de baptême qui donne l'identité de son parrain et de sa marraine, son mariage religieux avec une dispense accordée par l'archevêché en raison de la consanguinité, le baptême de son petit-fils puisqu'elle en était la marraine. À propos de sa propre marraine qui était célibataire, Jeanne Calment regretta souvent qu'elle ne lui offre surtout que des images religieuses.

Les documents issus des divers recensements permettent aussi de suivre Mme Calment et sa famille. Il y a eu, de 1875 (l'année de sa naissance) à 1975, seize recensements généraux de la population à partir desquels les listes de dénombrement ont été établies. En effet, à chaque recensement national, certains renseignements sont consignés par toutes les mairies sur de grands registres dénombrant la population de leurs communes. Il est possible de la sorte de retrouver Jeanne Calment périodiquement et d'identifier les membres de sa famille avec lesquels elle vivait aux différentes époques. Avec ses parents, d'abord, puis, au-dessus du magasin à l'enseigne *Nouveautés Calment* avec son mari, sa belle-mère et assez vite sa fille. Elle y vivra ensuite avec son frère (à la mort de son mari), puis après le mariage de son petit-fils avec son gendre (veuf depuis 1934) et finalement seule. Ce n'est qu'en 1985, à l'âge de cent dix ans, qu'elle quittera son domicile pour aller à la Maison du Lac qui venait juste d'ouvrir dans l'enceinte du Centre hospitalier d'Arles. Comme cette famille appartenait à la bourgeoisie catholique locale, il est possible d'ajouter de nombreuses pièces d'archives concernant directement ou non Mme Calment : documents scolaires, notariés, médicaux, militaires, municipaux ou des articles de presse, dans la seule mesure où ces éléments sont accessibles au public; pour des recherches plus approfondies, une autorisation du procureur de la République est nécessaire.

Tous ces éléments biographiques, ces faits facilement vérifiables, ont été confrontés aux données qu'elle a fournies au cours des entretiens enregistrés en 1992 et 1993 mais les recherches ne s'arrêtèrent pas là; nous avons alors décidé de reconstruire toute la structure familiale : dates de naissance et de décès de chaque membre et constitution des familles (nombre d'enfants). Cela fut réalisé de manière complète sur les quatre générations la précédant directement (soit jusqu'en 1723); les cinq générations antérieures aux précédentes ne sont pas encore complètes. Au total, deux cent seize ascendants directs ont pu être identifiés. L'enjeu était alors différent. Il ne s'agissait plus de vérifier l'âge de notre doyenne mais de déterminer si ses ascendants avaient vécu jusqu'à des âges particulièrement élevés, au-dessus de la moyenne de chaque époque. En d'autres termes, sa longévité a-t-elle un caractère héréditaire ou non? L'étude des relations entre l'âge atteint par un sujet et par ses différents ancêtres n'est pas nouvelle mais les réponses sont encore contradictoires. Effectivement, tous ses ancêtres présentent un âge de décès très élevé. Sur ses trente ascendants directs, 60 %, soit dix-huit, ont atteint ou ont dépassé l'âge de soixante-dix ans : quatre-vingt-treize ans pour son père, quatre-vingt-six ans pour sa mère, soixante-quinze ans en moyenne pour ses grands-parents et arrière-grands-parents et soixante-dix ans en moyenne pour ses arrière-arrière-grands-parents (et même soixante-dix-huit ans du côté de son père). Certains d'entre eux étaient déjà des phénomènes de longévité : quatre-vingt-quatorze ans pour Marguerite Pereyre, née à Fontvieille en 1741. Voilà qui peut paraître surprenant mais l'est-ce vraiment? À quoi comparer ces chiffres? À quelle population de référence? En effet, tous les sujets qui échappaient aux XVIIIe et XIXe siècles à la mortalité infantile ne vivaient-ils pas aussi très vieux, par une sorte de sélection naturelle des individus robustes et résistants? Tous les habitants d'Arles et de la région ne profitaient-ils pas d'un climat ou d'un mode de vie particulier très propice à la longévité? En France, l'espérance de vie à la naissance passe de vingt-quatre ans en 1745 à quarante-deux ans en 1850 pour le sexe masculin et de vingt-six ans à quarante-trois ans pour le sexe féminin. Les valeurs atteintes à un niveau local comme Arles pouvaient très bien différer largement de ces moyennes nationales.

La recherche se poursuivit donc : après avoir remonté tout l'arbre généalogique de Jeanne Calment, nous avons commencé à le redescendre pour étudier les collatéraux, tous les descendants de ses ancêtres, tous ses cousins éloignés, en quelque sorte. Nous avons retrouvé cent soixante-dix-sept personnes (soixante-dix-sept pour la génération de Jeanne, soixante pour celle qui précédait et quarante pour celle au-dessus). Pour cent cinquante-deux d'entre eux, il a été possible d'obtenir l'âge de leur décès dans les archives d'Arles; les autres avaient dû mourir ailleurs et les retrouver demanderait un travail immense. Pour chacune des cent cinquante-deux personnes de cette famille, nous avons relevé dans les registres paroissiaux ou municipaux les cent cinquante-deux personnes du même sexe, qui ont été déclarées juste avant eux. Pour chacune d'entre elles nous avons recherché la date de son décès, ce qui a demandé beaucoup de patience et de minutie. Si ce chiffre ne pouvait être connu, la même opération était renouvelée (une, deux, voire trois fois) avec la personne immédiatement voisine de la précédente, sur le registre consulté et ainsi de suite jusqu'à trouver un sujet documenté, avec un âge de décès connu. Finalement, il a été possible d'obtenir cent cinquante et un membres de la famille étudiée et cent cinquante et un témoins, nés dans la même commune ou dans la même paroisse, à une date très voisine, à la même époque, à la même saison. De multiples comparaisons furent alors possibles : les durées de vie des ascendants de Mme Calment face aux autres membres de sa famille (en ne retenant que ceux qui ont atteint un âge suffisant pour procréer) ou face au groupe témoin sélectionné. Les taux de mortalité infantile furent aussi mis en parallèle.

Les résultats de cette longue enquête sont époustouflants. Sur les trois générations étudiées, du côté Calment, on trouve une durée de vie moyenne de trente-cinq ans contre vingt-trois dans la population témoin. La mortalité infantile est de 15 % dans un cas contre 27 % dans l'autre cas. Les enfants qui ont passé le cap de un an ont vécu en moyenne quarante et un ans d'un côté face à vingt-sept ans de l'autre. Enfin et surtout, il y a 24 % de personnes ayant dépassé soixante ans pour la famille de Jeanne contre 13 % seulement dans l'autre groupe. Par ailleurs, les ascendants directs de Jeanne Calment ont vécu en moyenne quatre-vingts ans contre cinquante-huit seulement pour les ascendants des autres membres de sa famille de la même génération. Son frère, François, de dix ans son aîné, qui partageait exactement les mêmes ancêtres et sans doute une bonne partie de son patrimoine génétique, a vécu jusqu'à l'âge de quatre-vingt-dix-sept ans. Jeanne Calment nous avoua un jour : « J'aurais aimé que mon frère arrive à cent ans mais le bon Dieu n'a pas voulu qu'il y ait deux centenaires dans la même famille et ce fut moi. »

Il existe donc une extraordinaire concentration d'ancêtres longévives dans l'ascendance de Jeanne Calment sur quatre générations au moins. Entre 1700 et 1900, Arles a successivement connu la peste en 1721, des disettes ou des famines dues aux grands froids des hivers 1708-1709 et 1788-1789 et surtout quatre épidémies de choléra en 1832, 1835, 1854 et 1884 qui ont décimé la ville. La plupart des membres de la famille Calment ont remarquablement traversé ces périodes. On peut en déduire une sorte de résistance aux maladies et aux privations. Deux éléments se dégagent : une vivacité de cette famille puisque la mortalité infantile y est sensiblement plus basse que dans le reste de la population (sans que l'on puisse se prononcer sur la fécondité) et une longévité plus grande.

QUELLE BELLE JEUNESSE!

• *« Combien d'années êtes-vous allée à l'école?*

J'ai commencé à sept ans jusqu'à seize ans. À seize ans, après m'être reposée, je suis restée chez mes parents à attendre le mariage. Pendant ce temps, on faisait de la musique, j'étais seule, l'affection, toujours l'affection. J'étais très douée pour les arts.

• *À quelle école alliez-vous?*

Attendez... à la pension de Mme Benet, une pension religieuse. J'y ai fait ma première communion.

• *Vous étiez pensionnaire?*

Pensionnaire : pas au début, la dernière semaine. La dernière semaine, oui, les huit jours avant la communion, on nous gardait pour nous préparer.

• *Et ensuite, vous êtes allée à quelle école?*

Eh bien, il y a eu le collège. Il donnait sur les Lices. L'entrée était sur la place de la République et la terrasse donnait sur les Lices.

• *Vous voulez parler de l'école qu'il y avait dans la rue du Cloître?*

Oui.

• *Qui aviez-vous comme professeur à ce moment-là?*

Ah! je me rappelle pas des noms.

• *Et comme matière, qu'est-ce qu'on vous enseignait?*

Tout ce qu'il faut pour...

• *Et vous avez passé le brevet?*

Oui, à seize ans. Ah! il y avait M. Bourget, oui, M. Guy Bourget, M. Michel, oui, il y a un autre, il y avait le professeur de mathématiques. Non. Ah! si... M. Dubourget Georges. Je crois que c'est M. Dubourget. M. Dubourget, c'était le professeur de physique.

• *De sciences physiques?*

Cela m'amusait parce qu'il faisait des expériences... Il cassait tout et ça nous amusait! Il cassait! Il faisait des expériences et il y en avait qui rataient. Il cassait! Il cassait!... Il allait trop vite.

• *Ah!*

Vite et bien, ça ne va pas!

• *Vous faisiez de la couture aussi?*

Oui.

• *Qui aviez-vous comme professeur?*

Une brodeuse, il y avait Mlle Augustine mais c'est loin déjà tout ça, vous vous rendez compte? Vous vous rendez compte, docteur?

• *Oui.*

Il est permis d'oublier un peu!

• *Quand vous alliez à l'école primaire, quand vous étiez petite, votre journée, elle commençait comment?*

Oh! Oh! Quand on est jeune, on se levait à huit heures.

• *Et qu'est-ce que vous preniez comme petit déjeuner?*

Oh! du chocolat, café au lait.

• *À midi, vous reveniez manger chez vous?*

Eh bien, toujours. Mon père venait me chercher. Mon père ou bien la bonne.

• *Et vous mangiez où? À table avec vos parents ou à la cuisine?*

Non, non à table.

• *Et ensuite, on vous ramenait à l'école l'après-midi? Et le soir, on venait vous chercher?*

Oui. Jamais seule; mon père n'aurait jamais voulu ça. Il n'avait pas confiance en moi.

• *Et est-ce qu'il y avait des garçons à l'école?*

Ah! non! À ce moment-là, les garçons étaient au collège. Oh! oh... vous savez, c'était pas comme aujourd'hui. Les garçons étaient à part et les filles à part. Les garçons et les filles ne se regardaient pas; c'est pas comme aujourd'hui!

• *Ah! oui?*

Aujourd'hui, il y a des complications. Le progrès, dans le progrès il y a du bon et du mauvais!

• *Oui. Est-ce que vous alliez avec des copines à l'école? ou est-ce que vous y alliez toute seule?*

Mon père m'accompagnait ou ma bonne. Ah! non, mon père ne voulait pas me laisser. J'étais trop gamine; mon père disait: “ ma fille, c'est le garçon et mon garçon, c'est la fille ”. Au lieu d'aller à l'école, j'aurais bifurqué ailleurs, oh! non, c'était ou mon père ou la bonne. Parce que, à l'époque, la domestique, ça s'appelait la bonne.

• *La bonne, elle s'appelait comment?*

Marthe, Marthe Touchon. Oui, et puis Gisèle. Oh! mon père ne m'aurait pas laissée seule, oh! oh!

• *Surtout que vous étiez un garçon manqué?*

Oui et j'ai continué. J'avais une sacrée volonté! Une sacrée volonté, vous m'entendez? Et ça me sert beaucoup.

• *Vous vous rappelez comment était Arles quand vous étiez petite?*

Ah! à peu près, à peu près.

• *Il y avait beaucoup de voitures?*

Oui! Ah! avec le cheval... Il y avait de beaux équipages, de très beaux! Nous avions ce qu'on appelle un face-à-face... Alors, on avait une voiture et un cheval.

• *C'était quoi? Une calèche?*

C'était ce qu'on appelait un face-à-face.

• *C'était une calèche, alors.*

Si on veut.

• *Entre seize ans et vingt et un ans, entre l'école et le mariage, qu'avez-vous fait?*

De la peinture, surtout de la peinture. Non, non, pas de l'aquarelle, de la peinture à l'huile.

• *Vous n'avez jamais eu envie de travailler, dans votre vie?*

Non, mes parents m'ont encouragée à cultiver les arts, la musique, la peinture... J'avais des dispositions aussi bien pour les uns que pour les autres. J'adorais faire de la peinture,

j'adorais la musique, j'adorais tout ça... et beaucoup de goût.
[...]

• *C'était à l'époque des bals que vous faisiez de la peinture?*

La peinture, je la faisais chez moi quand j'étais jeune fille. Jeune mariée, j'en ai fait davantage. Des grands tableaux, des grands panneaux de fleurs. J'avais fait un paravent, un paravent à cinq feuilles et chaque feuille avait une gerbe de fleurs.

[...]

• *Comment était-il ce paravent?*

Comme tous les paravents, pliant et un peu lourd, de la taille d'un homme, très haut.

• *Qu'est-ce que vous aviez peint par-dessus?*

Ah! de belles fleurs : des roses, des anémones, des soleils... et pas de violettes, trop petit, et des iris... essentiel, c'était très décoratif... avec des tulipes.

[...]

• *Vous en gardez l'image?*

Oui, je le vois comme si je l'avais fait.

• *Et qu'avez-vous fait du paravent?*

Mon père a changé le salon; quand on a changé le salon, on a supprimé le paravent qui n'était plus de mode, alors on a partagé les feuilles; je les ai données à des ami(e)s.

[...]

• *Où était-il dans le salon?*

Dans un coin, dans un coin, ça, c'est sa place, en biais.

• *Il était déplié ou plié... déployé ou fermé?*

Ah! il était plié, comme un livre.

(...]

• *Vous rappelez-vous ce qu'il y avait comme autre meuble ou objet à côté?*

Oh! non.

• *Allons, faites un effort, essayez de vous rappeler comment était ce salon.*

Ben... Il y avait une grande salle, je ne m'en rappelle plus... Il y avait un joli meuble, il y avait de jolis fauteuils, de grands fauteuils, des fauteuils vieux rouge, et près, un canapé.

• *Y avait-il d'autres objets, de beaux objets dans le salon?*
Il y avait des statues, il y avait des tableaux, il y avait des sculptures. Mon frère peignait très bien. Il avait fait un joli tableau...
• *Qu'est-ce que c'était, ce tableau? Faites un effort, vous vous rappelez...*
C'était dans la campagne. Moi, je peignais des fleurs mais un homme peignait la nature, la campagne.
• *Vous souvenez-vous de la couleur générale du paravent?*
Ah! c'est que... beige, un ensemble beige, gris clair, beige clair.
[...]
J'avais aussi peint de grands vitraux... Ah! on m'avait donné la composition... Il y avait une espèce de liquide qui séchait tout de suite pour pouvoir écrire, pour pouvoir peindre les feuilles. C'est tout. C'était un produit exprès... Oui. Je l'avais fait. Mes plafonds étaient très hauts. J'avais fait un vitrail superbe! Avec de grands iris. Seulement, le soleil a fait tout craqueler. *(Elle rit...)* Ah! si. Il était superbe!
• *Vous l'aviez mis dans votre appartement?*
Dans mon cabinet de toilette... Oui. Quand j'étais mariée... J'en faisais, étant jeune fille, mais ce vitrail, je l'ai fait une fois mariée.
• *Comment s'appelait votre professeur de peinture?*
Ah! attendez, ah! attendez... Oh! hum!, oh... Férigoule, Férigoule, M. Férigoule. Il était professeur à l'école de peinture, de l'école d'Arles, l'école de garçons.
[...]
• *Vous nous aviez parlé de Van Gogh, aussi.*
Non, pas question de ça.
• *Vous rappelez-vous Mme B.?*
Qui est Mme B.?
• *C'était la belle-fille du Dr R.?*
Ah! oui! très bien! très bien!
• *Vous l'avez connu, quand ils ont vendu le tableau de Van Gogh?*
Oui. Je me le rappelle... Je comprends! Elle m'a dit: vous comprenez, qu'est-ce que vous voulez, je ne peux pas garder un tableau de cette valeur; elle a préféré le vendre. Il y avait

des amateurs, des Américains, il y en avait de trop. Ah ! il y en a eu des amateurs ! Elle a préféré le vendre. Maintenant...

• *Ils n'aimaient pas ce tableau?*

Non. Ben, ça dépend des goûts ! Il y en a qui y tiennent fermement, d'autres non, ça dépend !

• *On a raconté que ce tableau servait à boucher une fenêtre. C'est vrai?*

Oui, oui, oui !

• *Et qu'elle l'a vendu pour un lustre?*

Ah ! je ne me rappelle pas. À ce moment, l'histoire était connue. »

Voici un passage où Mme Calment est encore une fois étonnante : interrogée sur des points de détail, elle parvient, après quelques sollicitations, à extirper ses souvenirs du fin fond de sa mémoire. Elle aime à exercer son esprit, à retrouver les noms de certains de ses professeurs de musique ou de peinture. Elle nous donne ici un véritable festival de noms propres. En revanche, elle réalise une sorte d'interférence verbale, de substitution sémantique amusante et remarquable, témoignant de son agilité mentale; faute de trouver le mot juste, « vis-à-vis », pour désigner un type de calèche, elle invente celui de « face-à-face ». Il s'agit bien de souvenirs très anciens mais peut-être ont-ils été évoqués, remaniés, il y a quelques années seulement ou encore entretenus toute sa vie durant? À plusieurs reprises nous lui avons proposé de la sorte des noms retrouvés dans les archives... pour que cela lui évoque un passage de sa vie qui n'avait jamais été réveillé auparavant. Certaines fois, cela a déclenché une réaction mais ce fut plutôt rare. À l'inverse, nous avons vérifié : M. Dubourget était bien inscrit sur les rôles des professeurs de Marseille. Spontanément, elle nous cite comme son professeur de dessin le grand peintre provençal, ami et contemporain de Mistral avec qui il décora le musée Arlaten, Férigoule, qui s'est attaché à dépeindre les costumes et les coutumes de sa région. Elle aurait participé avec quelques toiles à des expositions d'Arles mais nous n'avons pas retrouvé de catalogues où nous puissions chercher son nom.

Mme Calment dispose encore d'une faculté d'exception : celle de pouvoir visualiser ses souvenirs. L'épisode du paravent de cinq panneaux décorés chacun avec un type de fleurs a été raconté de multiples fois avec luxe de détails. Ses fleurs préférées étaient les violettes mais elles ne figuraient pas sur le fameux paravent, trop difficiles à peindre, trop délicates à rendre. Lorsqu'elle essaye, à la demande, de retrouver, plus même, de revoir l'univers, la pièce où se trouvait le paravent, peu à peu elle y arrive... L'image mentale se reforme devant ses yeux aveugles. Cela demande un effort, des encouragements, des sollicitations. Et puis elle retrouve les fauteuils rouges, la place près de la fenêtre. Chacun possède ce pouvoir d'imagination, cette capacité de mise en scène d'un épisode lointain ou récent de sa vie, cette faculté de recréer un décor passé mais le pouvoir de visualisation se perd avec l'âge. Au moment de s'endormir, quand nous étions enfants, le soir d'un événement marquant, après avoir reçu des cadeaux, après une récompense ou une punition par exemple, nous revivions avec intensité, avec force images, l'épisode en question. Avec l'âge, les événements sont moins marquants (ou bien l'argile que nous sommes s'est durcie en séchant avec le temps et il est plus dur d'y laisser des empreintes) et nous ne sollicitons plus autant qu'auparavant toutes les images de ces tranches de vie. Mme Calment a gardé cette faculté plus que bien d'autres personnes plus jeunes. Elle reste, par la force des choses, de longs moments seule et silencieuse dans son fauteuil, pendant lesquels, elle l'avoue facilement, elle repasse le film de sa vie (un très long métrage sans aucun doute) ; et elle choisit systématiquement les bons passages, les meilleurs extraits. Il est curieux de penser que toutes les émotions que nous avons vécues, toutes les images que nous avons vues, tous les sons que nous avons entendus sont tous encore là, gravés dans notre cerveau. Ils sont très difficiles à extraire, à retrouver, à ramener au présent, et cependant, ils existent.

Les neurologues connaissent des maladies très rares où le patient se retrouve brusquement ramené quelques années en arrière. Le cas d'une jeune fille est ainsi cité en exemple : un soir, revenant de l'école, elle s'étonna que ses parents aient changé de voiture et aient repeint la cuisine sans même l'en avertir, en l'espace d'une journée. Elle revivait intégralement un autre soir qui se situait trois ans plus tôt. Chacun crut d'abord qu'elle simulait son mal, qu'elle jouait la comédie ou qu'elle fabulait. Elle détrompa chacun en citant les numéros de téléphone de ses anciennes amies, en donnant même le menu du repas qui, pour elle, était celui de la veille mais qui, en fait, remontait à beaucoup plus loin. Le cas n'est pas unique et il nous montre comment nous ne sommes capables de nous souvenir que d'une infime parcelle de notre passé. Pareillement, lorsqu'on pousse Mme Calment loin dans ses souvenirs, lorsqu'on lui demande d'explorer mentalement la pièce où était le paravent, à se situer dans le contexte de l'époque, à l'endroit précis où cela se passait, elle redécouvre peu à peu le reste de la pièce, comme si elle y était à nouveau, retrouvant au passage les fauteuils vieux rouge, qu'elle avait jusqu'alors oubliés.

L'enfance de Jeanne fut facile, simple et heureuse. Son père était autoritaire et lui a sans doute donné un univers structuré. Ils devaient bien s'entendre. Elle le respecte, l'admire... Son frère était un garçon doux et sensible qui s'adonna à la peinture à ses heures perdues et il s'illustra dans cette pratique. Elle a souvent répété : « Mon père était un homme fort; pour moi c'était une référence. Quand il parlait, je l'écoutais comme un oracle. » De tout temps, son père a été son seul confident, son seul refuge. La confiance intrinsèque que portait le père à sa fille Jeanne a encouragé cette confiance en elle-même et cette solidité mentale qui lui sont propres. Son père avait une idée assez juste du côté turbulent de sa fille car il la fit toujours conduire à l'école et ramener s'il ne pouvait le faire lui-même. « Il savait que seule, j'aurais vite emprunté la rue d'à côté. » Sa mère était effacée, sensible, douce, trop douce au goût de sa fille : Jeanne n'en parle que peu souvent et dit parfois d'elle qu'elle « avait peur ». À seize ans, Jeanne a quitté l'école, ayant obtenu son brevet. Elle se consacrera à cultiver les arts, restant à la maison à attendre le mariage. Son frère, dont on a compris qu'il était plus doux, plus simple, plus contemplatif que sa sœur, continuera très longtemps à peindre. Il faut ici rappeler qu'elle n'aura eu, tout au long de sa vie, que trois domiciles : la maison de ses parents, l'appartement de son mari (au-dessus du magasin rue Gambetta) et enfin la Maison du Lac, dans l'enceinte du Centre hospitalier. Il existe un événement majeur dans son enfance qu'elle ne mentionne pas ici : la grande épidémie de choléra en 1884 qui décima la ville d'Arles. Tous les habitants qui le purent fuirent alors la cité pour se réfugier à la campagne et éviter les risques de contagion.

Derrière ce qu'elle appelle sa volonté, il y a un tonus, un appétit de vivre, une soif de tout ce qui l'entoure et un intérêt pour tout ce qu'elle approche. Rien ne la laisse indifférente : tout la concerne, l'implique, même maintenant où ses déficits sensoriels la coupent du monde extérieur. Elle a un avis, une réponse à toutes les questions. C'était une enfant turbulente... qui aimait jouer. Lors de vacances passées au mas familial dans la campagne près d'Arles, elle raconte comment elle sautait dans les balles de foin et comment, jouant à la balançoire avec d'autres enfants, elle disait cette expression qui l'amuse toujours : « C'était à chacun mon tour », le « mon » dénotant déjà quelques prédispositions à être énergique et autoritaire, dominante. Il est curieux de constater comment elle critique le fait d'aller vite : elle a toujours été pressée, toujours rapide. Elle se plaignait que son mari soit trop lent.

Quelles que soient les conditions de son enfance, elle a, déjà très jeune, une propension naturelle au bonheur. Tout sera transformé, tout au long de sa longue vie, en bonheur. Et les mauvais souvenirs, ceux qui ne sont pas valorisants pour son image, interne ou externe, elle les oublie, elle les efface de manière active. Elle tire une grande satisfaction de toute sa vie. Pourtant elle a dû, et doit encore, affronter des renoncements, des diminutions, des deuils (plus que toute autre personne, vu la durée exceptionnelle de son existence). Elle s'accroche au positif, à ce qui reste plutôt qu'à ce qui part. Certes, elle est consciente du ravage des ans. Ne nous confiait-elle pas récemment : « Je m'arrange avec ce qui me reste ! »

Et Van Gogh? Dans son enfance, elle a pu rencontrer Vincent Van Gogh. Cette hypothétique rencontre a fait couler beaucoup d'encre. Lorsque l'on fêta le centenaire du passage de Van Gogh en Arles, les habitants évoquèrent le fait qu'une Arlésienne encore en vie ait pu connaître l'artiste. Le peintre « fada », comme les habitants l'appelèrent, est arrivé en Arles le 20 février 1888, la veille du treizième anniversaire de Jeanne Calment. Dans les lettres qu'il envoie à Théo, son frère marchand de tableaux, le peintre donne peu de détails sur Arles. Toutefois, on apprend au détour d'une phrase qu'il a remarqué « ... les adorables petites Arlésiennes qui vont faire leur première communion... ».

La grande affaire de Vincent, c'est alors de faire venir Gauguin à Arles ; ce dernier arrive le 20 octobre et repart le 24 décembre après l'épisode de l'oreille coupée qui a conduit à l'internement de Van Gogh. Après sa sortie le 7 janvier 1889, une pétition circule en ville en février ou en mars pour contraindre le maire à le faire interner de nouveau. Van Gogh quitte Arles en mai pour entrer à l'hospice Paul-Mausole de Saint-Rémy-de-Provence où il restera jusqu'en mai 1890. Après, il quitte la région pour rejoindre le Dr Gachet à Auvers-sur-Oise et meurt le 29 juillet 1890 d'une balle qu'il s'était tirée dans la poitrine l'avant-veille.

Dans certaines interviews à la presse, Jeanne Calment a dit que son mari lui avait présenté Van Gogh. Actuellement, elle ne veut plus guère en parler. Cette assertion a été largement commentée car elle ne pouvait être déjà mariée à l'époque mais elle connaissait et rencontrait déjà son cousin et futur mari, ce qu'elle précisa de manière explicite ultérieurement ; elle ne commet donc pas d'erreur historique ou chronologique. Il est possible que le jeune Ferdinand Calment ait présenté le peintre à la petite fille alors que ce dernier venait acheter de la toile dans le magasin « *Madame veuve Calment* », celui de la mère de Ferdinand. Avec sa mémoire prodigieuse, il est tout aussi possible qu'elle s'en soit souvenue. La petite Jeanne l'aurait trouvé grossier et malappris car, pour elle, il était important d'avoir de bonnes manières. « Très laid, malgracieux, impoli, malade... je lui pardonne, on l'appelait le Dingo. » En d'autres occasions, elle confia : « Un jour, mon futur mari a voulu me le présenter. Accroupi devant l'étalage, Van Gogh ne s'est même pas levé. Il m'a toisée d'un regard noir, l'air de dire, quantité négligeable. Ça m'a suffi. » Pourtant, elle lui doit d'avoir connu la célébrité et c'est grâce à lui qu'elle tourna, en 1991, dans le film canadien *Vincent et moi* de V. Rubbo. Bien d'autres habitants d'Arles doivent une part de leur prospérité à l'artiste alors que certains de leurs parents n'hésitèrent pas à lui faire quitter la ville.

À qui Van Gogh pensait-il lorsqu'il écrivit au cours de son séjour arlésien : « Mourir tranquillement de vieillesse serait d'y aller à pied » ?

FÉMININE, MASCULINE

• « *Vous rappelez-vous comment vous vous êtes rencontrés, votre mari et vous?*

Oh! on ne s'est pas rencontrés, c'était mon cousin! Alors, je le voyais souvent, c'était mon cousin.

• *Comment en êtes-vous venue au mariage?*

Ah! ça je me rappelle plus. Il avait sept ans de plus que moi. Quand je suis née, il avait sept ans et il était en Avignon. Je me promenais en vacances; la cousine avait grandi. Chaque fois, je lui plaisais et j'ai grandi.

• *Et lui, est-ce qu'il vous plaisait?*

Ah! c'était un joli garçon, charmant et il ne plaisait pas qu'à moi!

• *Vous aviez des rivales?*

Naturellement. Son caractère était doux, plaisant, patient. Il avait du goût, il était artiste. Il aimait ce qui était nouveau et c'était un joli garçon... Chaque fois qu'il venait à Arles, il venait me dire bonjour. Moi, j'avais quinze ans, je ne faisais pas attention. J'étais à l'âge où l'on demande des bonbons!

• *Comment vous faisait-il la cour?*

Comme tous les garçons, gentil.

• *Il vous emmenait au bal ou en sortie?*

Oh! là, là, hou! mon père n'aurait pas été content. Mon père me surveillait de près... Il ne me laissait pas sortir seule. Pas question!

• *Vous risquiez de faire des bêtises?*

Ah! je ne sais pas, je ne me rends pas compte. Avec Fernand, l'occasion fait le larron. [...]

• *Et quand vous avez été mariée, vous avez fait beaucoup de sport?*

De la bicyclette et surtout des excursions en montagne, de la marche, beaucoup de marche... Mon mari aimait marcher, comme moi. Même à seize ans, j'avais de bonnes jambes.

• *Vous n'aviez pas fait du patin à roulettes?*

Un peu, oui, oui. Oh! si alors! J'ai ramassé une pelle!

• *Est-ce que vous aviez fait du tennis?*

Ah! beaucoup. Étant jeune fille, d'abord, et étant mariée... À la campagne qui s'appelle le Semestre.

• *Ça existe toujours; il y a toujours le chemin des Semestres... Il y avait un filet de tennis?*

Ah! ben, ce serait pas un tennis, s'il n'y avait pas de filet!

• *On pouvait faire du patin sur le Rhône quand il était gelé?*

Ah! oui. Beaucoup en faisaient, beaucoup le traversaient...

• *Est-ce que votre mari avait traversé à pied le Rhône gelé?*

Il a traversé avec des copains. ... À trente ans, trente-cinq? Il y a longtemps, ça, c'est loin, c'est loin... Ah! oui. Ça avait du succès. Il faisait des paris.

• *Il pariait souvent avec ses copains, M. Calment? Il pariait sur quoi?*

Ah! sur tous les sujets. Quand on est jeune, tous les sujets. Que ce soit politique ou autres.

• *Est-ce que vous faisiez des paris avec votre mari?*

Non, non.

• *Et plus tard, vous n'auriez pas aimé travailler?*

Eh bien, ça ne me disait rien! Je n'étais pas encouragée.

• *Vous n'avez jamais pensé travailler avec votre mari?*

Ce que j'ai fait avec mon mari, c'était la chasse. Vous m'entendez?

• *Oui.*

Ça va vous surprendre, j'étais chasseuse. Mon mari m'a appris la chasse. Et j'ai fait avec lui une société d'actionnaires. J'étais actionnaire. Actionnaire, c'était une chose qui se faisait, de temps en temps. Mon mari était bon chasseur, je suis devenue chasseuse.

• *Elle s'appelait comment, cette société de chasse?*

Elle n'avait pas de nom. On était réunis, on chassait ensemble. C'était ma vie ça, ma vie d'homme. Je suis très féminine et avec ça, le caractère masculin. Et je chassais le lapin avec mon mari.

• *Qu'appelez-vous un caractère masculin?*

Vous avez un caractère féminin, vous? Non?

• *Non.*

Bon, eh bien moi, c'est pareil! Je n'aimais pas les visites, je n'aimais pas la vie mondaine et j'aimais la vie au grand air, la vie avec mon mari qui était chasseur. J'ai chassé le lapin. Là, je me régalais. J'ai un caractère masculin, plutôt. Je n'ai peur de rien. On me l'a toujours reproché. Je me rappelle, un jour, mon mari m'a dit : attention, les jeunes filles ont peur de tout et, toi, tu n'as peur de rien, tu n'as pas assez peur. Alors je dis : “ ça te gêne? ” Il me dit : “ naturellement ”. Je lui ai répondu : “ alors, ça c'est grave, si ça te rend malheureux! Comme je ne veux pas altérer ton bonheur, je te rends ta liberté ”... Il a poussé un cri : “ Qu'est-ce que tu me dis! Mais, ma parole, je te reprends. Oh! il me fait : je n'aime que toi... oh, pardon, pardon, je te garde, je te garde; tu as le caractère qu'il me faut. Tu as le caractère qui convient mais puisque tu n'as peur de rien, et bien tu seras servie. ” Je profitais, je profitais d'avantages que les femmes n'ont pas [1].

• *Qu'est-ce que vous appelez une vie merveilleuse?*

J'ai chassé avec mon mari. J'ai été une bonne chasseresse, j'ai chassé le lapin, j'ai été à la battue au sanglier, à la battue au perdreau, c'était splendide. Ah! j'en garde un souvenir ineffaçable.

• *Vous aviez un fusil?*

Ben, naturellement! et je ne manquais pas la cible.

• *Ça n'était pas un fusil trop lourd?*

Non, c'était un dix-huit. C'est pour les femmes. C'est d'accord, c'est lourd quand même. Mon mari avait un vingt, il avait le numéro vingt et moi j'avais le dix-huit. Oh! j'étais

1. Ces dernières lignes résultent d'un assemblage de plusieurs entretiens différents, complémentaires.

très forte. J'avais beaucoup de force; j'avais une force dans les poignets... terrible... J'avais beaucoup de force; j'étais un homme; mon père disait aussi : “ ma fille c'est un garçon manqué et mon garçon, c'est un raisonnable ”.

• *Vous voulez parler de votre frère, là?*

Oui, il était réfléchi, très réfléchi; il avait du travail avec mon père. Vous savez que mon père construisait des bateaux, des gros bateaux pour les marchandises. Vous le savez, ça? Mon frère, il était marin. Non, il était, il était... en ce moment j'oublie le mot, j'oublie le mot en ce moment. Non, non... je peux pas le sortir. [...]

• *Vous rappelez-vous la première automobile qu'a eue votre mari?*

Ah! bien sûr! C'était, c'était un événement! C'était un événement pour tout le monde... Ah! ça... je ne me rappelle pas la marque; je ne la connaissais pas.

• *Vous n'avez jamais conduit une automobile?*

Oh! j'ai un peu essayé mais je n'ai pas eu l'occasion. J'avais le caractère masculin. Je suis très féminine; on ne peut pas l'être davantage et je participais à tout activement... Mon mari m'offrait des cigarettes après le repas. Ce n'était pas une passion. Après le repas, après, une seule, j'en avais assez... [...]

• *Vous avez fumé à quel âge?*

Ah!... fumer... Ah! bon! Quand je me suis mariée, pas avant mon père n'aurait pas voulu!

• *Est-ce que les femmes fumaient, à ce moment-là?*

Ah! oui, mais les femmes étaient libres, pas les jeunes filles. Mon père était très sévère. Oh! là! Aujoud'hui, c'est plus pareil. Les temps étaient plus durs!

• *Justement, est-ce que les femmes avaient les mêmes droits que les hommes?*

Ah! non, non, c'était plus sévère, non, non, pas du tout, quand elles n'étaient pas mariées. [...]

Chaque fois qu'il y avait une nouveauté, je voulais faire comme les autres. Mon père disait : quand tu seras mariée, tu feras ce que tu voudras.

• *Quand vous avez été mariée, est-ce que vous avez fait ce que vous avez voulu?*

Ah! si j'avais voulu, j'aurais pu. C'était mon mari qui décidait toujours.

• *Une fois mariée, c'est votre mari qui a décidé ou vous?*

Ah! normalement, tout à fait.

• *C'était votre mari qui décidait pour vous?*

Oui.

• *Vous étiez d'accord?*

Toujours! Merveilleux. [...]

• *Dans votre ménage, autrefois, qui prenait les décisions, c'était vous ou votre mari?*

C'était moi.

• *Qui?*

Moi, moi.

• *Et votre mari?*

Ah! à nous deux, à nous deux. Comme nous étions ensemble, les décisions se prenaient ensemble. Nous arrivions à composer un menu agréable.

• *Quand vous avez eu des difficultés dans la vie...*

Quand on a des ennuis? Quand on a des ennuis, on les traite toujours de la même façon. On cherche à trouver une solution.

• *Vous aviez un chien?*

Mon mari avait un chien parce que mon mari était chasseur. Il avait un chien, « Liberty ».

• *Pourquoi Liberty?*

Parce que dans le magasin, il y avait là des satins, du tissu qu'on appelait du satin Liberty. C'était du beau satin... Un épagneul.

• *Il vivait avec vous dans l'appartement?*

Oui. Nous l'aimions beaucoup, je l'aimais énormément.

• *Il ne laissait pas des poils, dans l'appartement?*

Non, pas tellement. Il était propre... Il avait sa cachette sous le lit. [...] Il couchait dans l'appartement dans sa caisse, à côté de la cuisine... Il fallait quelqu'un pour l'emmener se soulager; il faut qu'il se soulage. Alors, elle *(la bonne)* le menait pour faire ses affaires! Elle faisait le tour du quartier, voyez, il était soigné comme un paon. Mon mari adorait ce chien.

• *Il le menait à la chasse?*

Oui. Souvent... Oui, c'est lui qui lui a appris à chasser.

• *Avec M. Calment, vous vous entendiez bien?*

Oh! il était tellement doux! Oh! qu'il était gentil! Il était doux! Comme son père. Son père était doux!

• *Il vous aimait beaucoup.*

Ah! beaucoup, beaucoup. [...]

• *Vous avez eu une vie comblée.*

Ah! oui, une belle vie. Et puis, j'ai du caractère, beaucoup de caractère et ça m'a beaucoup aidée. Mon mari aimait mon caractère de garçon. Ça lui plaisait, ça.

• *Est-ce que vous auriez aimé avoir un métier?*

Ben, oui, ça m'aurait plu.

• *Pourquoi cela vous aurait plu?*

Pour être utile.

• *Et selon vous, un bon métier pour une femme, c'est quoi?*

Des métiers, il y en a des quantités.

• *Lesquels?*

Il y a les brodeuses, les musiciennes...? Je me rappelle pas. [...]

• *Qu'auriez-vous aimé faire comme métier?*

Je n'ai pas idée, je n'ai pas idée... Comme j'ai été dans le commerce, commerçante.

• *Est-ce que vous aidiez votre mari, au magasin?*

Je n'y allais pas. Moi, je ne travaillais pas avec eux. Mon mari avait des employés, il avait une dizaine d'employés, moi j'étais dans mes appartements, non, je n'y allais pas. Je ne m'occupais pas du commerce. »

Jeanne Calment a eu une vie aisée, facile mais aussi active, dynamique à une époque où être une femme moderne n'était sûrement pas aussi simple qu'aujourd'hui (même si ce n'est toujours pas évident de nos jours). Il fallait d'abord le pouvoir et ensuite le vouloir car il était assez mal vu par les gens de la bonne société (celle que fréquentait Mme Calment) de s'émanciper de la sorte : fumer, s'habiller en homme, dans une petite ville de province. L'indifférence au qu'en-dira-t-on et l'indépendance d'esprit de Jeanne Calment lui ont permis d'outrepasser ces limites. En quoi ce mode de vie a-t-il participé à sa longévité? Difficile à dire; en tout cas il lui convenait. D'ailleurs, la contrariété ou la contrition ne valent rien pour faire de vieux os, pas plus que les soucis ou les problèmes, matériels ou autres. À juger par ses dires, elle s'entendait bien avec son mari et les Calment passaient pour un des plus beaux couples d'Arles. Un journaliste lui posant la question : « Vous étiez une femme charmante; vous avez dû avoir des propositions galantes? », elle lui répondit : « Mon mari était un homme merveilleux. Quand on a un ange, on le garde et le reste ne vous regarde pas. »

Il est clair que la notion de travail ne fait pas partie de son univers mental. Jeanne Calment avait la facilité de l'aisance matérielle. Elle n'a pas eu besoin de travailler, et elle n'en a pas ressenti la nécessité. Contrairement à tous les centenaires d'aujourd'hui, qui mettent en avant le travail comme un des facteurs essentiels de leur grand âge, elle n'a pas connu ce que c'était. D'ailleurs, existe-t-il une définition bien rigoureuse du travail? Suffisamment vaste pour qu'elle s'applique à tout le monde, à toutes les situations? L'artiste qui s'épanouit à exercer son art travaille-t-il? Celui qui, retraité, aide une association caritative travaille-t-il? La moins mauvaise définition serait « ce qui coûte » à l'une ou l'autre des parties entre lesquelles le travail est une transaction. Lorsqu'on lui demande quels métiers elle aurait aimé faire, Jeanne Calment ne trouve vraiment rien de très concret à proposer. Globalement, il se dégage l'impression de quelqu'un resté très jeune d'esprit et de goûts, une sorte de gamine, presque puérile par moments, avec son insouciance et sa légèreté, vivant d'abord l'instant présent.

L'enfant turbulent, sans cesse en mouvement, a fait place à une femme sans soucis, radieuse, active qui aime se dépenser, comme d'habitude très volontaire et décidée. Ceci lui a permis d'avoir de nombreuses activités physiques, de pratiquer plusieurs sports, dont le tennis, à une époque où cela était plutôt rare pour les femmes. Elle fit aussi de l'escrime, du patin à glace et à roulettes (aux Alyscamps), de la bicyclette, de la natation. Elle a toujours aimé la marche, les grandes randonnées. Elle a par ailleurs raconté ses excursions sur les glaciers du massif du Mont-Blanc, comment elle se levait dès potron-minet pour partir avec son mari en balade, faisant néanmoins une partie du trajet sur des mules. Elle se souvient encore comment ces animaux préféraient le côté aval du chemin, le « vide », ce qui n'était pas forcément pour lui déplaire. Elle nous raconta ceci : « Vous savez, quand le chemin est très étroit, les mules ont la sale habitude de marcher très au bord et mon mari n'était pas rassuré du tout. » Elle était ravie de voir qu'elle était plus audacieuse que lui. Aussi longtemps qu'elle le pût, elle fit sa gymnastique chaque matin, voire plusieurs fois par jour : des exercices d'assouplissement pour conserver aux articulations leur amplitude de mouvement. Elle y tenait beaucoup et ne manquait pas de signaler le fait à qui voulait l'entendre.

À de très nombreuses reprises, elle a rappelé qu'elle aimait beaucoup la chasse, sans doute en raison de son goût pour la marche mais aussi pour la satisfaction de se retrouver dans un milieu masculin où elle pouvait marquer sa différence de femme, être valorisée comme unique. Elle sut s'imposer dans un groupe d'hommes, la société de chasse, ce dont elle fut toujours très fière grâce à son caractère, une fois encore, mais également à son adresse, car elle savait très bien tirer et visait juste. Elle fut d'ailleurs surnommée « Mme Perdreau ». C'est un sujet dont elle adore parler.

Elle a fumé aussi, n'en déplaise à Hygie (la déesse de la santé). Avec modération : une cigarette après les repas ou un cigarillo. Elle a pris cette habitude après son mariage. Peut-être voulait-elle là encore se hisser au rang des hommes. Longtemps ses penchants pour des goûts de luxe lui ont fait préférer les cigarettes Dunhill, image de marque, signe de qualité, dans son esprit en tout cas. Même rentrée dans la maison de retraite, elle a continué à fumer. En 1993, elle a échappé à un incendie qui s'est déclaré dans son bâtiment, sans doute déclenché par quelque pensionnaire fumeur : il y a eu plusieurs victimes. Elle en réchappa. Pour vivre très vieux, il faut aussi avoir de la chance. Presque aveugle, elle alla longtemps, longeant les murs des couloirs, jusqu'au bureau des infirmières pour y chercher du feu. Un beau jour, dans sa cent dix-septième année, elle a arrêté. Beaucoup ont cru que son médecin l'avait incitée à pareille privation dans le cadre d'une lutte contre le tabac. Vu sous cet angle, il paraissait ignoble de priver cette vieille dame d'une de ses dernières joies (il ne s'agissait en tout cas sûrement pas de son dernier plaisir car elle a bien d'autres ressources où puiser des satisfactions). En fait, il n'en est rien. Qu'avait-elle à perdre ou à gagner ? C'est une initiative personnelle, prise un beau matin, sur laquelle elle n'a pas voulu s'expliquer. On peut penser, simple supposition, que, devenant vraiment aveugle, il était trop humiliant pour elle de devoir se faire aider pour allumer sa cigarette. Elle a renoncé à cette habitude. En tout cas, elle nous prouve qu'il n'est jamais trop tard et que, même très âgé, on peut s'arrêter de fumer. D'ailleurs, il est possible que le tabac protège ceux qu'il ne tue pas. Hélas, nul ne sait, à l'avance, qui est résistant au tabac et qui ne l'est pas. Elle doit à cette pratique un petit catarrhe matinal : la toux du fumeur dont elle se moquait à l'occasion.

Bref, ce fut un mariage de ceux qu'on dit « réussi ». Le couple avait une vie de qualité. Il se retrouvait avec d'autres couples d'amis pour chanter et jouer de la musique. Ce fut une époque resplendissante et très agréable de la vie de Mme Calment.

Son mari, âgé de quarante-six ans alors qu'éclate la Grande Guerre, n'y participera pas. Dans l'entre-deux-guerres, le couple voyage ; à Marseille pour aller au spectacle, à Lyon, à Paris. Jeanne Calment savait alors employer son temps de manière agréable et intelligente. La grande crise économique de 1929 ne touchera pas les Calment et leur commerce restera prospère. Pendant la Seconde Guerre mondiale elle devient veuve, en 1942, son mari ayant été empoisonné par des cerises sulfatées qui provoquèrent une maladie dont il décéda quelques mois plus tard. Le couple était parti « campagner » chez des amis. Jeanne, qui en avait mangé aussi, sans doute moins que son mari, résista à l'agression du toxique. Elle avait pourtant soixante-sept ans...

MÈRE ET GRAND-MÈRE

« Je me suis mariée, j'avais vingt et un ans.

• *Oui. Et vous êtes restée combien d'années sans enfant?*

Un an. Mon mari voulait profiter de la vie, voyager. Alors on a attendu.

• *Ensuite, vous m'avez dit que l'accouchement s'est bien passé? Vous avez eu une bonne accoucheuse.*

Mme Lelière. Elle s'appelait Lelière.

• *Mme Nevière?*

Lelière! Lelière!

• *Lelière, d'accord. [...] Est-ce que ç'a été facile pour vous d'élever Yvonne?*

Oui... très facile. [...] Oh! douce comme son père. Elle a tiré tout de son père plus que de sa mère.

• *Elle ne vous a pas donné de la peine?*

Non, non.

• *Elle travaillait bien à l'école?*

Oui, assez. [...] Ah! oui, elle a travaillé jusqu'à seize ans, jusqu'au brevet. Les mathématiques, c'était pas son fort. Mais après, elle a changé, pour passer son brevet.

• *Vous rappelez-vous la première communion de votre fille?*

Ah! encore plus! Du moment que je me suis rappelé du baptême, encore plus la première communion! C'était dans une pension, une pension religieuse. La pension de Mme Benet qui était... je me rappelle plus. En ce moment, j'ai un peu d'amnésie, par moments. Après la cérémonie, chaque communiante est allée dans sa famille où il y avait un grand repas. Maintenant, c'est classique...

• *Vous vous rappelez comment Yvonne était habillée?*

Eh bien, en communiante! La robe en mousseline, blanche, classique. Il y avait une forme presque autoritaire, presque un uniforme. La robe droite avec beaucoup de fronces, en mousseline blanche.

• *Elle portait une couronne?*

Oui. Une couronne de fleurs. Oh! là, vous m'en demandez un peu trop... Quand je me suis mariée, j'avais une couronne, une couronne de lilas blanc. Ça, c'est quand je me suis mariée.

• *Vous étiez habillée comment, ce jour-là?*

Ben, j'avais une robe rose à l'époque, une jolie robe. Une robe à la mode naturellement!

• *Vous portiez des chapeaux?*

Ah! oui! Oh! on portait des chapeaux; j'en ai porté encore longtemps. Après, on a aboli. [...]

• *Votre fille...*

Oh! oui et intelligente ... Oui, nous avions les mêmes goûts.

• *Elle aimait la chasse?*

Ah! à ce moment-là, on n'y pensait pas. Je n'y pensais pas moi-même. Elle aimait la musique, c'est tout. Je jouais du piano à quatre mains avec elle. C'est classique.

• *Vous vous rappelez sa maladie?*

On l'a emmenée dans... Ah! je me rappelle plus. [...]

• *Et Yvonne a été malade avant d'avoir Frédéric ou après?*

Après. Ça s'est déclaré après, plus tard.

• *Elle est morte chez vous ou à l'hôpital?*

Chez nous. Quand elle est rentrée (de l'hôpital), c'était le moment de l'Avent et elle est venue mourir chez nous... Oui. Vous me rappelez de tristes moments.

• *Je ne vous en parlerai plus.*

Non, c'est trop pénible.

• *Vous vous êtes occupée de Frédéric?*

Naturellement! Qui s'occupe mieux que la grand-mère?

• *Vous l'aimiez beaucoup?*
Ah! C'est une question inutile! *(elle en bafouille!...)* Il avait bon caractère surtout, un caractère agréable. [...]
• *Savez-vous que maintenant, ça a beaucoup changé?*
Et comment! Oh! je comprends!
• *Il y a des gens qui, sans être mariés, ont des enfants. Est-ce que vous trouvez que c'est mieux?*
Ah! non! Ce sont les enfants qui en souffrent. ... Ah! oui! Les enfants en souffrent. La priorité, ce sont les enfants.
• *Et quand ils n'ont pas d'enfants?*
Eh bien, ils ont moins de soucis.
• *Des soucis de quoi?*
Ne pas avoir d'enfants, c'est un souci de moins. Les enfants, c'est un souci! [...]
Vous serez là, docteur, lorsqu'on me mettra en bière?
• *Pour une personne aussi célèbre que vous, je ne peux pas faire autrement!*
Alors, je vais vous demander un service.
• *Avec plaisir.*
Lorsqu'on me mettra dans le cercueil, vous mettrez à ma droite, la photo de mon petit-fils et à ma gauche, celle de ma fille et ils seront enterrés avec moi. Oh! ce ne sera qu'un enterrement fictif, ils sont déjà tous les deux en terre, mais comme ça, ils seront à mes côtés. »

Mme Calment n'a pas eu une grande descendance. Elle a choisi avec son mari, par esprit de liberté, de n'avoir qu'un enfant, une fille, Yvonne, qui elle-même n'a eu qu'un fils, Frédéric. C'est lui qui lui a donné le surnom de « Manzane » qui fleure bon le pays et sonne si bien le provençal. En fait, il s'agit d'une contraction de maman Jeanne car elle a élevé deux enfants : sa propre fille puis son petit-fils quand il devint orphelin de sa mère, à l'âge de huit ans. Cet enfant adoptif fut sa joie, son plaisir, sa fierté. Est-ce qu'elle l'aimait beaucoup? c'est une question inutile! Après ses études de médecine et sa spécialité en O.R.L., il installa son cabinet dans la maison de Jeanne. Elle l'adora et c'est la personne, avec son père, à laquelle elle reste affectivement le plus attachée. Plus tard, après son décès à la suite d'un accident de voiture, aussi longtemps qu'elle a pu le faire, elle s'est rendue, à pied ou à vélo, au cimetière pour se recueillir sur sa tombe. Puis, installée à la Maison du Lac, passé l'âge de cent dix ans, elle a continué à commander un taxi pour s'y faire conduire et c'était pour elle un bonheur de décrire avec force détails à ses quelques voisines son équipée et les émotions suscitées par cette visite. C'est quand elle parle de sa fille et de son petit-fils que Mme Calment est vraiment affectée par des émotions, des sentiments et qu'elle apparaît vulnérable, choses suffisamment rares pour être mentionnées; c'est là qu'elle atteint, à nos yeux, sa dimension la plus émouvante.

La fille et la mère avaient des traits communs par leur comportement, leur rapidité, leur démarche. Certes, Jeanne dit qu'Yvonne ressemblait plus à son père qu'à sa mère. D'ailleurs, les deux femmes apparaissent bien différentes sur les photographies où elles figurent ensemble. Alors qu'elle était déjà à la Maison du Lac, Mme Calment a détruit toutes ses archives personnelles, toutes ses photographies de famille. Voilà qui a de quoi surprendre; pourtant, cette attitude n'est pas si rare. Nombreuses sont les personnes dans son cas, sans descendance directe, sans ami très proche, qui, au soir de leur vie, décident de ne rien laisser « traîner » derrière elles, rien de ce qui les touche, rien des traces de leur existence plutôt que ces documents ne partent à l'inconnu, se retrouvent dans quelques brocantes, circulent de main en main étrangères. Elle aurait dit : « Je ne veux pas que mon image s'éparpille. » Voilà un signe supplémentaire de la volonté de Mme Calment de maîtriser sa destinée. La seule famille relativement proche qu'il lui reste est celle de la femme de son petit-fils et celle de son gendre.

LIVRES, FABLES ET CHANSONS

• *« C'est le docteur, madame Calment.*

Comment?

• *C'est le docteur.*

Ah! vous arrivez?

• *Oui.*

D'où sortez-vous? De quelle planète sortez-vous?

• *Je sors d'une boîte.*

Je croyais que vous étiez à Jupiter, dans Mars... hum *(petit sourire dans la voix)* ou plutôt dans Vénus?

• *Non, non, non... Vénus, peut-être, mais j'étais toujours sur terre.*

Ah! bon. À part ça, vous allez bien? Madame va bien?

• *Madame va bien.*

C'est l'essentiel.

• *Bientôt, nous pourrons écrire un livre sur nos conversations.*

Ah! J'en suis ravie.

• *Ça vous ferait plaisir que nous écrivions un livre?*

Ben, je comprends. Le contraire ne serait pas normal.

• *En tout cas, moi, ça me fait plaisir de discuter avec vous. Vous m'enrichissez.*

(Silence...)

Je dis que ça me fait plaisir...

Oui, oui, j'ai entendu!... C'est bien partagé.

• *Vous savez que je vais écrire un livre sur vous.*

Oui.

• *Ça vous fait plaisir?*

Ben oui, bien sûr! Et il y avait pas un docteur qui s'occupait de la vieillesse?

• *Oui, c'est avec lui que je vais écrire sur vous.*

Ah! Le modèle!

• *Vous acceptez que je l'écrive, ce livre?*

Oui. Je vous ai dit que j'avais appris quatre fables. Laquelle vous voulez que je dise?

• *Dites-les-nous.*

Très courtes, très courtes. Vous voulez que je vous en dise une?

• *Dites-les.*

Le corbeau et le renard :

Maître corbeau sur un arbre perché... / ... Maître renard à l'odeur alléchée ... Attendez, alors zut! attendez, c'est pas ça. Maître renard à l'odeur alléchée... / ... Le corbeau jura, un peu tard, qu'on ne l'y prendrait plus.

Vous savez que le corbeau a un plumage très beau, très noir.

• *Et* La Marseillaise, *vous la connaissez?*

Oh! Alors si on ne connaît pas *La Marseillaise*, il ne faut pas être française!

• *Chantez-en un morceau.*

Allons enfants de la Patrie *(très aigu!)*, le jour de gloire est arrivé. Ça suffit!

• *(Tout le monde rit.)*

M. Robine vous remercie infiniment.

Ah! qui? M. Robinet.

• *Robine!*

Ah! M. Robinet *(ça la fait bien rire!)* j'avais compris Robinet!

• *Non, c'est Jean-Marie Robine.*

[...]

Joséphine? Joséphine Baker? Je connais Joséphine Baker, c'est tout.

• *Vous vous rappelez Joséphine Baker?*

Vaguement. ... Comme ci, comme ça.

• *Vous l'avez vue?*

Jeanne Calment à l'âge de 20 ans.

Quadragénaire.

Fac-similé
de son extrait
d'acte de naissance.

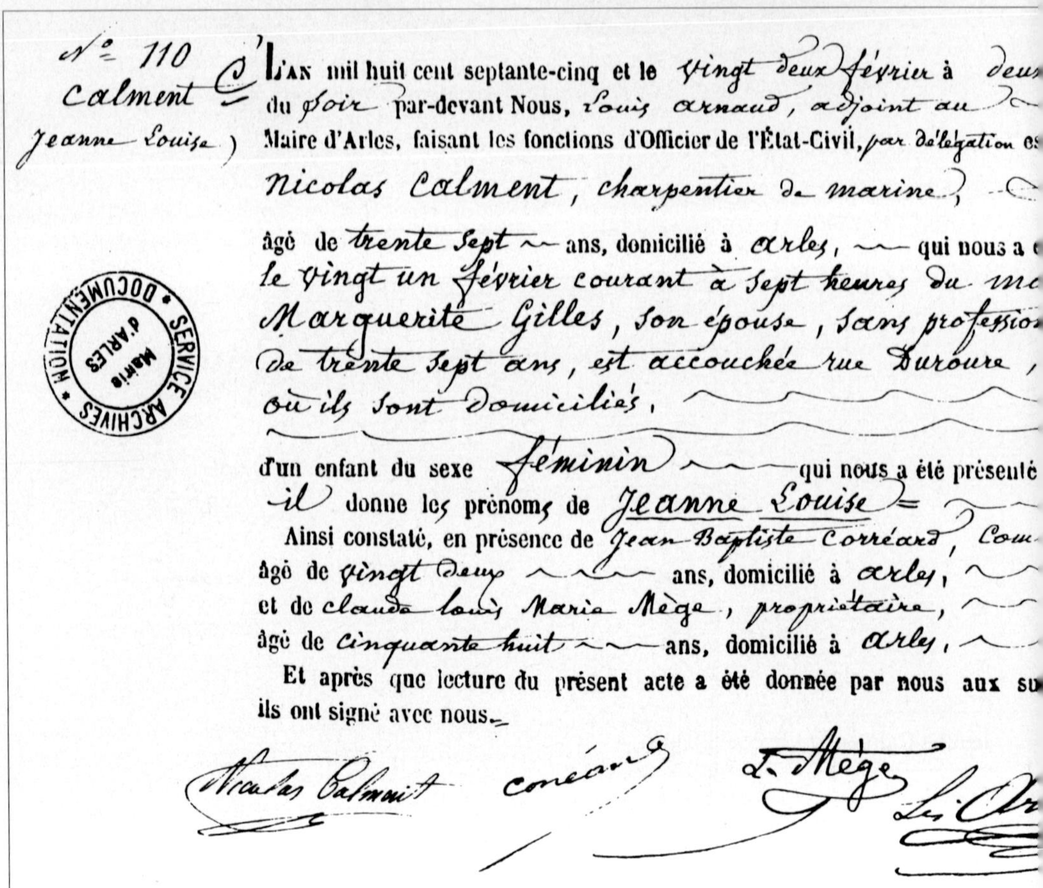

N° 110
Calment
Jeanne Louise

L'AN mil huit cent septante-cinq et le vingt deux février à deux
du soir par-devant Nous, Louis Arnaud, adjoint au
Maire d'Arles, faisant les fonctions d'Officier de l'État-Civil, par délégation es
Nicolas Calment, charpentier de marine,
âgé de trente sept ans, domicilié à Arles, qui nous a d
le vingt un février courant à sept heures du m
Marguerite Gilles, son épouse, sans professio
de trente sept ans, est accouchée rue Douaure,
où ils sont domiciliés.
d'un enfant du sexe féminin qui nous a été présenté
il donne les prénoms de Jeanne Louise
Ainsi constaté, en présence de Jean-Baptiste Corréard, Com
âgé de vingt deux ans, domicilié à Arles,
et de Claude Louis Marie Mège, propriétaire,
âgé de cinquante huit ans, domicilié à Arles,
Et après que lecture du présent acte a été donnée par nous aux s
ils ont signé avec nous.

Nicolas Calment Corréard L. Mège L. Ar

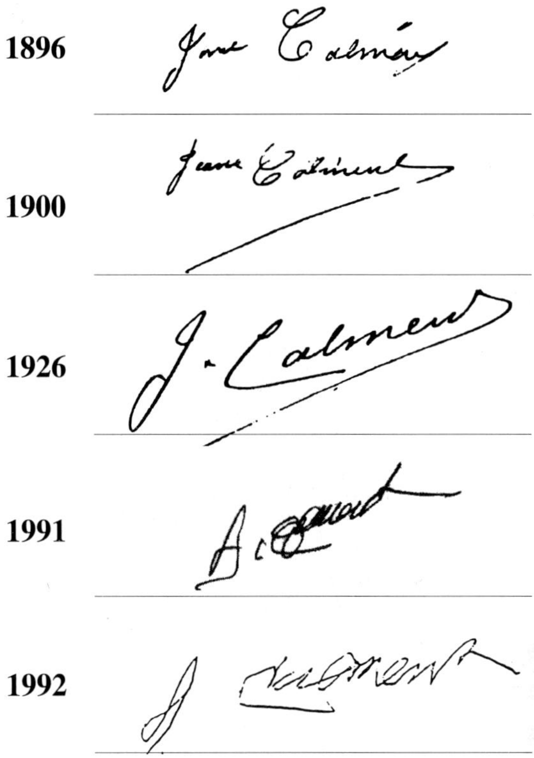

Évolution de la signature de Jeanne Calment.

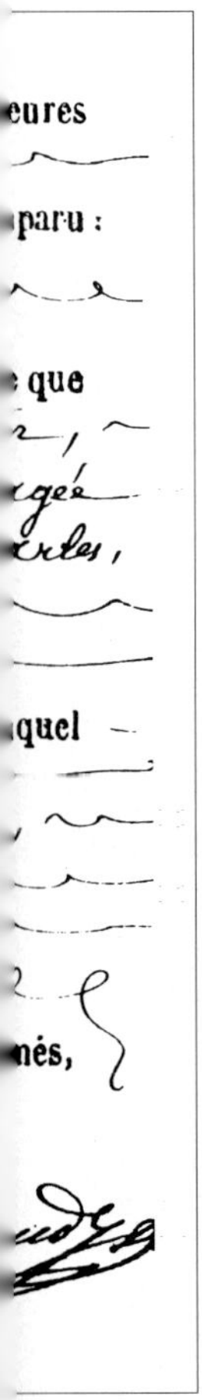
eures
paru :
que
quel
nés,

Jeanne et Yvonne, sa fille. Quelle est l'une, quelle est l'autre ?

Tournant dans un film canadien de V. Rubbo sur Van Gogh en 1991, *Vincent et moi*, Jeanne Calment habillée par Christian Lacroix.

Passe encore de bâtir, mais planter un Ginkgo, à cet âge !
Jeanne Calment avec les Arlésiennes, pour la fête des centenaires en octobre 1991.

Le diplôme des centenaires, paraphé par Madame Calment.

Journée des Centenaires

L'Age d'Or

Diplôme de Centenaire

Décerné à M ______________

Pour ses ________ Ans

Délivré le ________ 1991 à ________

Laurent CATHALA
Secrétaire d'Etat à la Famille,
aux Personnes Agées et aux Rapatriés

Gabriel DAFOUR
Président de la Fondation IPSEN
pour la Recherche Thérapeutique

Jeanne CALMENT
Doyenne du monde

Françoise FORETTE
Directeur de la Fondation Nationale
de Gérontologie

Robert MOULIAS
Président de la Société Française
de Gérontologie

Fondation IPSEN 30, rue Cambronne 75015 Paris

Le 24 septembre 1994, avec J.-M. Robine.

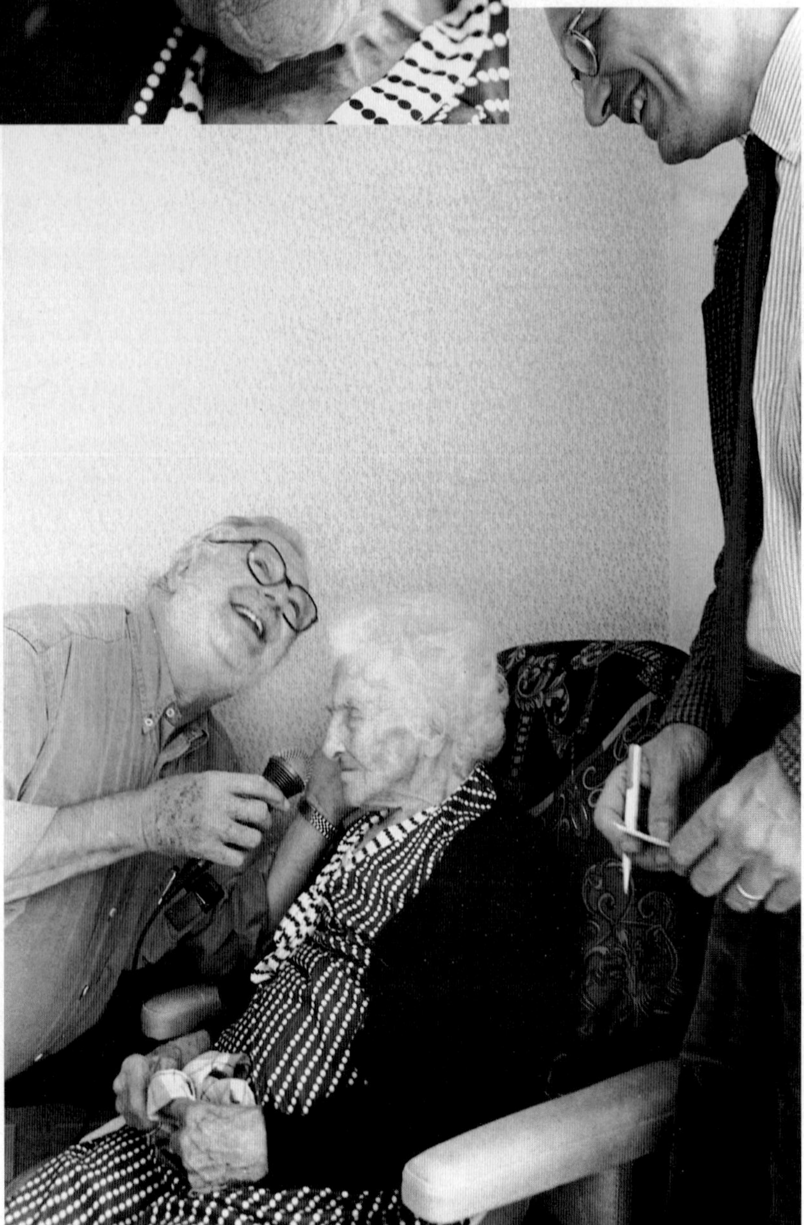

Un entretien avec V. Lèbre et M. Allard : Jeanne aime à provoquer des réactions.

Le premier jour
de sa 120e année :
« Allez-y,
posez-moi
des questions,
prenez
la photo ! »

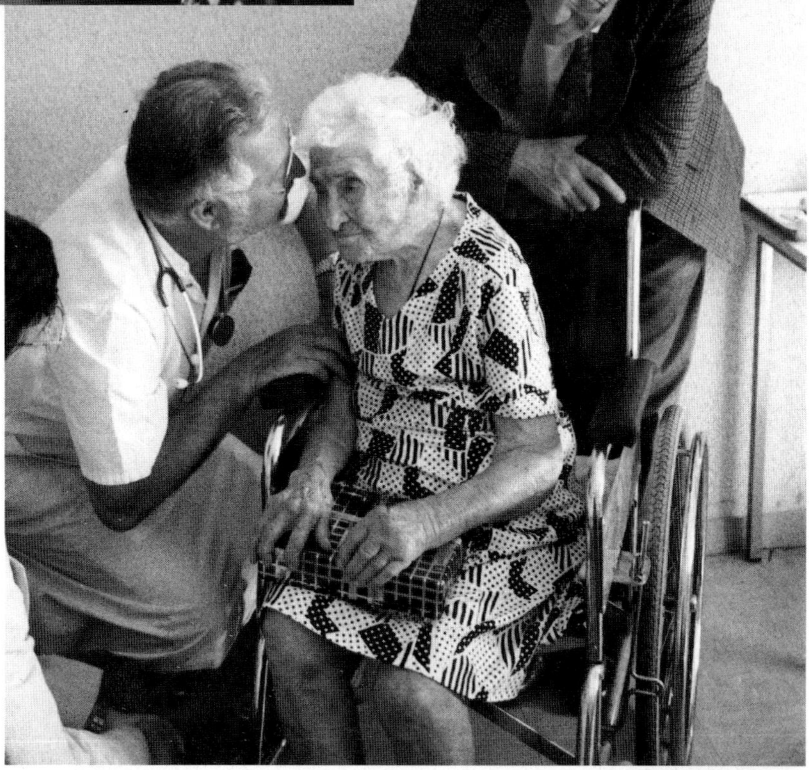

La première séance
de questions avec
les trois auteurs
en 1993.

Jeanne Calment à l'écoute
de ses visiteurs.

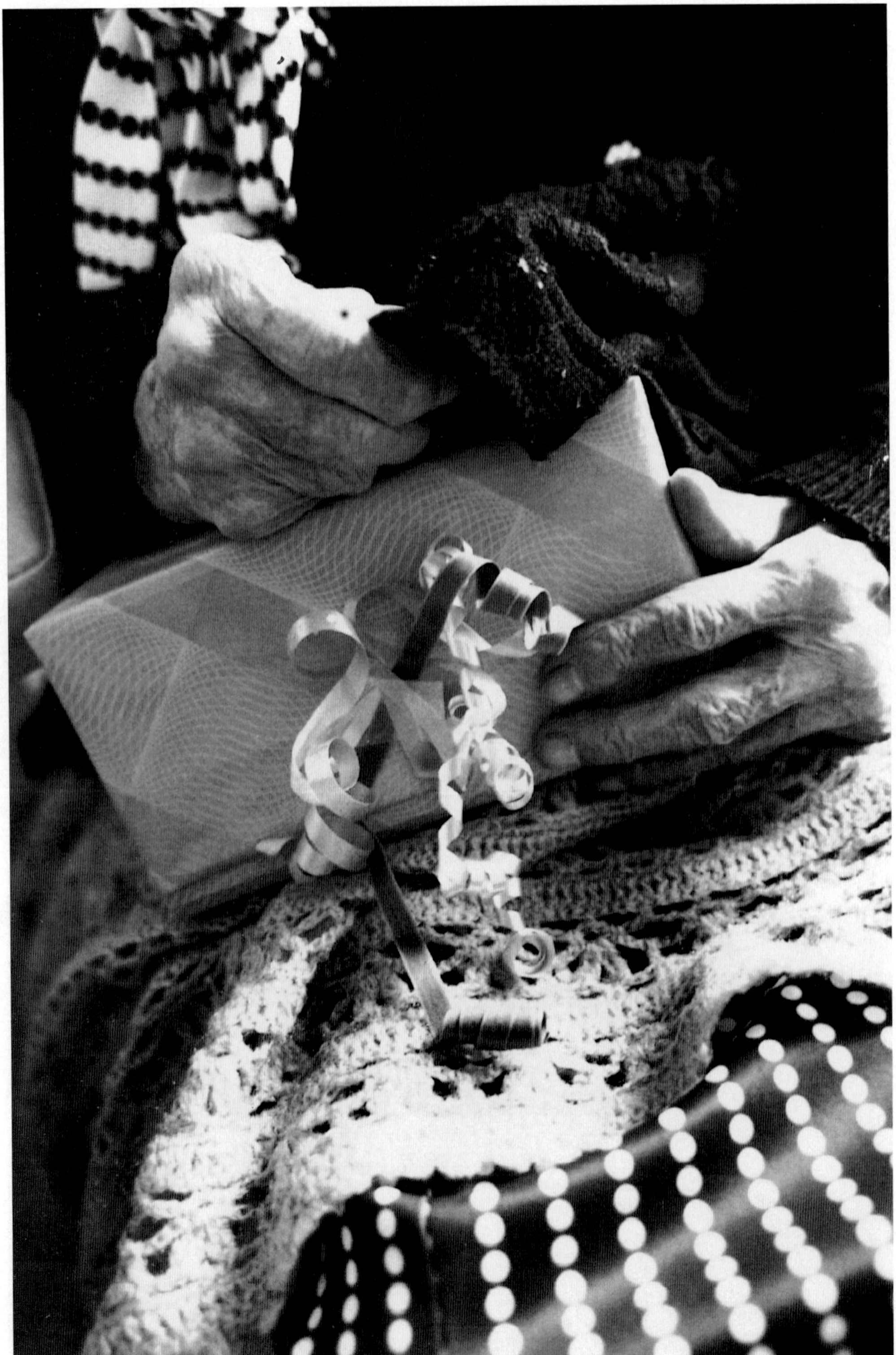

Le 20 février 1994, une fête pour son entrée dans sa 120e année.

Oui, je l'ai vue. Si je l'ai vue? Mais bien sûr. Au théâtre.

• *L'autre jour, vous avez chanté une chanson en disant, euh...*

C'est encore olé olé?

• *Oui.*

Ça ne fait rien?

• *Ça ne fait rien.*

C'est en me promenant / Que j'ai perdu ma jarretière / C'est en me promenant / Que j'ai perdu ma croix d'argent / Je l'ai perdue en passant la rivière / Je l'ai perdue le soir venu / Depuis, sans mentir, savez-vous ce qu'on dit / On dit que la ceinture de Virginie grossit... Et... que je n'ose vous dire... Eh! Hein!

• *Vous savez que c'est Noël dans deux jours?*

Eh! C'est une belle fête de famille.

• *Quand vous aviez votre fille, vous fêtiez Noël?*

Oh! si, avec les gosses, on faisait bien des cadeaux, des poupées, des choses comme ça.

• *Quels cadeaux offriez-vous à votre fille?*

Des poupées, des robes en soie, surtout des poupées. Quand on est jeune, on pense toute la journée à jouer à la maman avec la poupée.

• *J'ai des cadeaux à faire pour Noël, qu'est-ce que je peux faire, à votre avis?*

Pour vous?

• *Oui, pour mes enfants.*

Mais vous avez des enfants? Non, vous n'avez pas d'enfants?

• *Non, vous avez raison, je n'ai pas d'enfant.*

Vous avez des amis?

• *Oui, j'ai des amis. Alors, qu'est-ce que je peux faire comme cadeaux?*

Ah... C'est difficile à dire, ça; c'est question de vous... Des livres, des bouquins, des beaux livres, de la lecture... Des revues, des beaux livres surtout, de la lecture. [...]

• *Vous savez que, dans peu de temps, c'est Noël?*

Oui.

• *Qu'aimeriez-vous comme cadeau?*

Oh, j'ai pas idée, j'ai aucune idée. On me propose des robes. Ah! je suis vieille maintenant. Mon père me disait toujours :

tu donnes, tu donnes et tu n'as pas de récompense. J'aimais donner.

• *Je le sais, parce que j'ai reçu deux bouteilles de champagne de votre part.*

Ah! oui.

• *Ça m'a fait énormément plaisir.*

Ben, c'est normal.

• *Vous rappelez-vous le livre qui vous a le plus plu?*

Je me rappelle plus.

• *Ça parlait de quoi?*

De l'époque... Non, je ne veux pas, je ne me rappelle plus... Il y a un nom que j'ai à la bouche, il ne veut pas venir... »

• *(Un peu plus tard.)*

« Pour Noël, qu'est-ce que vous voulez comme cadeau?

Oh! un beau livre, d'un bon auteur.

• *Lesquels?*

Je me rappelle plus.

• *Vous voulez vraiment un livre, pour Noël?*

Il y en a tellement de bons auteurs; c'est pas ça qui manque.

• *Et qu'est-ce que vous en ferez?*

Eh bé, je le ferai lire!

• *Et, vous, avez-vous une question à me poser?*

Encore!

• *Non, vous, posez-moi une question.*

Quel est le livre qui vous plaît le mieux?

• *Un livre de Marcel Proust,* Un amour de chez Swann. »

• *(Quelques semaines plus tard.)*

« Tout à l'heure, vous m'avez parlé de beaux livres, à offrir. Quel est le plus beau livre pour vous?

J'en ai lu plusieurs. Je m'en souviens pas. J'en ai lu de très beaux. Je me rappelle plus. J'en ai lu plusieurs. Comme je vous dis, quand on a lu beaucoup, l'un sur l'autre...

• *Le plus beau, c'était quoi?*

Ma mémoire fout le camp. Je me rappelle plus. Un livre d'histoire. [...]

• *Vous souvenez-vous de Victor Hugo?*

Ben, j'en ai entendu parler, oui, bien sûr! Dans ma jeunesse, j'en ai beaucoup entendu parler. Inévitable...

• *Qui était Victor Hugo?*

Un grand homme.

• *C'était un écrivain?*

Oui, forcément.

• *Vous rappelez-vous quand il est mort?*

Ah! ça non, ça c'est trop lointain, c'est trop vieux, ça.

• *Vous êtes sûre?*

Oui. *(Sans appel.)* »

Nous avons dû écouter plusieurs fois le passage de la bande magnétique pour comprendre quelle était cette sombre histoire de planètes dont il est question au début dans ce fragment d'entretien. En fait, comme souvent, Mme Calment « lance un coup de sonde » dans le discours; elle émet une phrase « test » ou provocatrice pour éprouver la réactivité de son interlocuteur. Elle cherche à prendre la maîtrise du dialogue et à mettre en boîte son protagoniste : lorsqu'elle parle de Vénus, c'est, bien sûr, la déesse de l'Amour et de la Beauté qu'elle évoque et dans la foulée elle parlera de « Madame »! Voilà encore un bel exemple de son agilité mentale, de son art de la conversation. Chaque fois qu'elle le peut, à une question elle renvoie une image en miroir et répond à une évidence par une évidence. Par la suite, lorsque le projet d'un livre à son sujet est évoqué, malgré l'état d'isolement sensoriel où elle se trouve, elle nous signale au passage qu'elle a noté l'existence de plusieurs collaborateurs. Nous en avions parfois douté mais elle a parfaitement saisi et mémorisé qu'il y avait deux confrères avec son médecin pour écrire un ouvrage à son sujet. Comme souvent, elle joue avec les noms, avec les mots, ce qui l'aide à les retenir : elle distribue encore des surnoms, des sobriquets ou des diminutifs à son entourage. Alors qu'elle ne voit pratiquement plus (la perception de la lumière tout au plus), elle reste parfaitement en relation avec son milieu. Elle sait encore très bien quand tel ou tel membre du personnel hospitalier part, est parti en vacances ou en revient. Alors que chacun la croirait facilement indifférente ou insensible à ceux ou celles qui la rencontrent ou la fréquentent. Il y a quelques années, déjà privée de la vue, elle avait étonné la surveillante du service en annonçant un été : « Ah ! les grosses sont parties ! » ; il s'agissait des congés de personnes dont on peut penser qu'elles avaient un peu d'embonpoint. Mais elle n'aime pas s'attarder sur les sentiments, les siens, ceux de l'autre ou des autres. Le champ des émotions est un territoire presque interdit : les apitoiements, les plaintes, les lamentations ne furent jamais son fort. Exprimer son attachement non plus. Lorsqu'à l'occasion, l'interlocuteur se laisse aller, avec gaucherie ou timidité, à une confidence, à un soupçon de réelle intimité, à exprimer qu'il y aurait là un peu d'amitié, d'affection... la porte se ferme : silence ou remise en place. Le ton de salon, policé et courtois, élégant et badin, presque mondain, reprend le dessus. C'est une dure, dure à cuire. Certains parfois l'ont jugée ou la jugent insensible... un cœur de pierre. Nous avons souvent rencontré chez les centenaires cette sorte de tannage affectif pour se protéger des émotions trop vives. L'apparence irait bien dans ce sens mais derrière le rempart, chacun a son jardin secret de sentiments.

Lorsque la situation est inversée et que c'est à elle de poser des questions, elle évoque le dernier sujet abordé : le livre comme cadeau... et il est amusant que la réponse de son interlocuteur, par le fait du hasard ou de l'inconscient, fut tirée de *La recherche du temps perdu* alors que nous questionnions une dame de presque cent vingt ans sur son passé et ses souvenirs.

Elle sait qu'elle est devenue un modèle. Ce rôle de vedette, d'avant-scène, de premier violon, lui plaît bien. Assumer l'exception lui convient. Jamais timide, elle a toujours accepté les apparitions en public, la célébrité, les questions les plus hardies et même ce livre... Même si parfois elle s'impatiente et refuse les sollicitations répétitives et insistantes, elle aime être mise au défi, à l'épreuve. Pourtant, en 1989, suite à des critiques trop sévères des journalistes à son égard ou à quelques mots acerbes sur son caractère, elle refusa de les recevoir pendant quelques mois. Une équipe de télévision avait voulu la filmer à table en train de déjeuner, presque par surprise. Elle trouva le procédé inconvenant : elle arrêta son repas et quitta la table en disant qu'elle n'était pas un animal curieux, une bête de cirque.

Quand elle achoppe sur un terme, sur une expression, elle crée une paraphrase et s'arrange pour faire dévier le sujet ou y mettre fin. Elle n'est jamais à court d'aphorismes, de dictons et de grands principes : « Si on ne connaît pas *La Marseillaise*, il ne faut pas être française ! » Voilà qui n'appelle pas de réplique. Lorsque l'évocation d'une certaine Joséphine est proposée, elle trouve tout de suite un thème, un sujet auquel se raccrocher : Joséphine Baker, par exemple. Quant aux chansons grivoises, ou plutôt osées, ce qui est plus proche de son vocabulaire, c'est encore un moyen d'épater la galerie.

Elle nous étonna encore beaucoup quand, à la question des cadeaux pour les enfants, elle répliqua sans hésitation que c'était impossible, incohérent. Elle avait réussi à garder l'information qui devait remonter à plusieurs années (à moins qu'elle ne s'en soit enquise auprès du personnel soignant peu avant?). Et au moment précis où elle a besoin de ce renseignement, elle rappelle ce souvenir au présent pour l'utiliser à bon escient. Avec élégance ou par prudence (le sujet peut être dangereux, trop personnel), elle propose une échappatoire pour permettre à la conversation de rebondir au plus vite : « Vous avez bien des amis ? »

Chaque fois qu'elle ne se souvient plus, qu'elle ne retrouve pas un souvenir, Mme Calment impute ces difficultés à sa mémoire (même s'il s'agit d'informations ou de connaissances qu'elle n'a jamais eues). C'est vrai qu'elle oublie mais elle n'oublie pas qu'elle oublie. Elle sait ce qu'elle oublie; d'une certaine manière, elle a connaissance et conscience de ses trous de mémoire. Et qui n'en aurait pas à son âge? Elle réclame (avec indignation devant la difficulté de certaines tâches) un peu de clémence ou plutôt de compréhension mais bien sûr, pas de pitié.

Ces trous de mémoire sont fréquents chez les personnes âgées. Ils ne sont pas graves (contrairement à d'autres affections comme la maladie d'Alzheimer) mais ils sont très gênants ; heureusement, il existe certains médicaments pour soigner ces troubles mnésiques. Avec l'âge, les souvenirs anciens sont toujours très bien conservés et rappelés : c'est bien le cas de Mme Calment. En revanche, ce sont souvent les souvenirs récents, datant de quelques heures, quelques jours, quelques mois qui sont altérés. C'est très peu le cas de Mme Calment : elle nous raconta souvent les mêmes histoires (en les améliorant chaque fois qu'elle était en forme). Nous avons tous nos sujets favoris, nos grands classiques. Mais plusieurs fois, elle nous rappela à l'ordre en signalant avoir déjà fait état de tels ou tels détails ou anecdotes. Plus surprenant encore, à plusieurs reprises, elle utilisa des informations évoquées ou acquises lors d'entretiens précédents.

Ici par exemple, elle reprend l'idée de cadeau d'un livre puisque nous en avions parlé peu avant. En fait, elle n'a aucune idée d'un livre précis ; aucun auteur ne lui vient à l'esprit. Elle trouvera néanmoins moyen de déjouer toutes les questions à ce sujet et retournera la question le moment venu.

Quelle surprise encore que de la voir offrir un coffret de champagne, et comble de l'élégance, livré à domicile ! Courtoisie, savoir-vivre, gentillesse, tout cela bien sûr, mais aussi et surtout, comportement remarquablement adapté, intégration sociale et rituelle, concordance avec la période de l'année, les fêtes. Comment cette petite grand-mère, comme tant d'autres, sourde, aveugle, qui ne peut recevoir que très peu d'informations, qui demande quand même souvent la date du jour le matin, coupée du monde et des ondes (ni radio ni télévision), sans journaux, simplement quelques propos, hélas trop brefs, avec l'un ou l'autre dans la journée, perdue à longueur de temps dans ses méditations et ses souvenirs peut-elle penser à prendre une telle initiative ? Non seulement il a fallu en avoir l'idée, mais aussi passer à l'acte et mener ce petit projet à son terme; voilà qui est bien exceptionnel, et qui montre une projection dans le futur, ce qui, à un âge avancé, est rare. Mme Calment s'est même inquiétée de savoir si le destinataire avait bien reçu son présent et si la lointaine parente qu'elle avait chargée de ce petit pensum s'en était acquittée. Quelqu'un lui en a peut-être donné l'idée. Ce n'est pourtant pas son genre d'accepter de la sorte des conseils ou des recommandations. Tant pis, nous n'essaierons pas de le savoir. Là, elle se démarque nettement de la plupart des personnes âgées mais elle est l'objet de soins, de sollicitations, d'une considération, d'un respect, d'un rôle public, d'une utilité sociale, d'une place que tous les autres (pas du même âge mais fort vieux quand même) n'ont pas ou pas autant.

Dire qu'il y a quelques années, en commençant ce projet d'entretiens, nous redoutions de réagir trop tard, qu'elle soit déjà inaccessible, avec, certes, de superbes tiroirs rodés et huilés à montrer aux visiteurs et aux journalistes! Nous avons un moment pensé que c'était inutile, illusoire ou désespéré. D'année en année, son esprit s'est réveillé; lorsque l'on compare les différents entretiens, c'est indéniable. Une spécialiste du vieillissement du cerveau, neuropsychologue, est venue à de multiples reprises à plusieurs mois d'intervalle effectuer des tests psychométriques; les performances s'amélioraient de manière indéniable. Comme quoi on peut, même très, très vieux, remonter certaines pentes. Ces entretiens, trop peu fréquents, n'ont pas été les seuls à la stimuler; le personnel soignant le fait de manière quotidienne, sur un mode plus spontané et plus direct. D'autres personnes extérieures à l'établissement ont commencé des entretiens similaires. Tous les pensionnaires des maisons de retraite ne sont pas des vedettes et sont parfois laissés dans l'oubli. Quelle chance elle a!

PLAISIR DE LA TABLE

• *«À Marseille, vous alliez au restaurant?*

Oui, nous allions au *Phocéen.*

• *Qu'est-ce que vous mangiez, vous?*

Ah! ce qu'il y avait de bon. Ah! ça, cette question, c'est bizarre. Ça dépendait du menu!

• *Est-ce que vous aimiez les coquillages?*

À Marseille, oui. Surtout à Marseille. Des huîtres, des moules. Ce qu'il y avait à l'époque.

• *Et quoi d'autre?*

Ben, vous trouvez que c'est pas assez! Des huîtres, des moules. Je ne sais pas. Des huîtres et des moules, c'était plus courant. Après ça, on prenait une bonne coupe de vin blanc et on se régalait. Chaque époque, on se régale!

• *Est-ce que vous mangiez de la bouillabaisse à Marseille?*

Ah! oui. À Marseille, elle était bonne. C'est la spécialité, d'ailleurs. À Marseille, on devait manger de la bouillabaisse. Du bon poisson; ce que j'aimais surtout, des tartines, des tartines trempées; ah! que j'aimais ça, plus que le poisson. C'est la vraie bouillabaisse. Oui, à Marseille, c'est la vraie. Avec beaucoup de goût, très parfumée, avec de l'ail, de l'oignon, tous les aromates de Provence.

• *Est-ce que vous aimiez les pâtisseries?*

Pas trop, non pas trop, mon mari les aimait bien. La pâtisserie ne m'a jamais affolée, j'en mange mais c'est pas ce qui m'affole le plus.

• *Et, est-ce qu'à ce moment-là il y avait des glaces?*

Oui! bien sûr! Ça a toujours existé!

• *Vous en mangiez?*

Ben, et comment! À la vanille souvent, au citron mais surtout à la vanille. La vanille, c'est mon parfum préféré.

• *Est-ce qu'il y avait d'autres parfums que ceux-là?*

Peut-être, mais je ne cherchais pas les autres; je choisissais mon parfum et je cherchais pas les autres. Il y avait le choix. Je tâchais d'être heureuse en soi.

• *Répétez-moi ce que vous venez de me dire?*

J'étais heureuse en soi. C'est très bien, ça! *(Elle rit beaucoup.)* J'étais heureuse en soi. [...]

• *En dehors de la confiture, qu'est-ce que vous aimez comme douceur?*

Oh! les crèmes, les crèmes, les gâteaux, les quatre-quarts.

• *Ah! oui, je sais le faire, celui-là.*

Oui, c'est bon le quatre-quarts. Vous cuisinez un peu?

• *Je fais de la pâtisserie chez moi.*

Ah! oui?

• *Pour aider ma femme. Ça vous étonne?*

Non. N'importe où, j'en ferais autant.

• *En ce moment, je suis le spécialiste des tartes.*

Des tartes? ...Ah! c'est bon, et il y a le quatre-quarts. C'est bon le quatre-quarts. J'aime beaucoup le quatre-quarts.

• *Est-ce que vous aimez d'autres friandises?*

Tout ce qui est doux. J'aime beaucoup les douceurs. À chaque repas, je prends un bonbon.

• *Eh! bien, au revoir...*

Maintenant, on va servir l'apéritif.

• *Malheureusement, nous n'avons pas encore l'apéritif, mais on va vous conduire à table.*

Toujours volontiers. J'ai bon appétit et je digère bien.

• *Je vous souhaite une bonne fin de journée.*

Vous de même. [...]

• *Hier, je vous ai regardée quand vous mangiez et je me suis demandé ce que vous aimiez comme nourriture. Quels sont les plats que vous préférez?*

Oh! ici, on n'a pas le choix, on n'a pas le choix! Tous les matins et soirs, on a la purée.

• *Et si vous aviez le choix, qu'est-ce que vous demanderiez?*

Ah! bien des choses frites, des fritures qui ont du goût, bien relevées, des goûts un peu forts, des goûts relevés mais la purée, ça n'a pas de goût! Maintenant pour se nourrir les gens n'ont pas de goût! Et on a le matin et le soir! Ah! c'est pas varié!... Beuh! c'est fade!

• *Vous préférez ce qui est relevé?*

Un peu, oui, ce qui a du goût. Vous l'aimez fade, vous? Non?

• *Je suis comme vous. J'aime ce qui est relevé.*

Voilà! Ici, on ne peut pas avoir grand appétit. Que ce soit à midi, que ce soit le soir, on a de la purée, et de la purée! Ben, c'est nourrissant, c'est entendu, mais ce n'est pas un régal. En revanche, il faut se nourrir. [...]

Alors, ce goût de salé et d'amer, ce n'est rien?

• *Non, je vous l'ai dit, ça vient de ce que vous mangez.*

Ah! Nous mangeons toujours ça, ah! je me régale pas, on mange toujours de la purée et de la purée! À midi, de la purée; et le soir. Ah! c'est pas varié! Nous ne sommes pas gâtés. [...]

• *Vous m'avez parlé de Coty, c'est une marque de parfum...*

Oui. Je m'en servais, de celui-là.

• *Le nom, c'était le parfumeur.*

Le nom du parfum, c'était Coty. C'est tout ce que je sais. C'est déjà pas mal que je me rappelle de ça!... À ce moment-là, il y avait des modes pour les gourmandises, pour les pâtisseries. Comme dans toutes les époques, il y avait des époques spéciales... ben, je bafouille en ce moment.

• *Vous bafouillez parce que nous avons mélangé les glaces et les parfums.*

Ben, nous avons fait la salade!

• *Voilà, ça fait trop de choses à la fois.*

Qui trop embrasse, mal étreint! [...]

• *Je vous souhaite un bon appétit.*

Merci bien et vous de même.
• *À demain.*
Ah! ou à deux pieds! »

Jeanne Calment a toujours eu un bon appétit, appétit de tout, de la vie bien sûr, de la nourriture entre autres choses. Même très âgée, elle a gardé un bon coup de fourchette, si l'on peut dire, car il n'est plus très facile pour elle de s'en servir. Elle n'a guère grossi pour autant, à aucun moment de sa vie. Son système digestif doit être sensationnel, très efficace pour supporter tout ce qu'elle lui a fait subir. Plus d'une fois, elle surprit son entourage par ses facilités à digérer; elle dira elle-même : « J'ai un estomac d'autruche! », ce qui ne l'empêche pas d'aimer et d'apprécier les bonnes choses. Elle s'est plus d'une fois montrée capable d'absorber des quantités considérables de chocolat : plus d'un kilo par semaine. Il est vrai que les personnes âgées aiment bien le chocolat. Deux explications : ou bien en vieillissant, le goût s'affadit un peu et se tourne plus vers le sucré, ou alors le chocolat favorise la longévité et ceux qui en mangent vivent plus longtemps que les autres. En fait, il existe bien une tendance globale des personnes âgées pour les sucreries de toutes sortes mais on constate une préférence marquée pour le chocolat. Mme Calment n'était pas friande de pâtisseries; elle n'en prenait qu'aux grandes occasions. Il y a dans le cacao des substances qui stimulent le cerveau, qui accroissent le tonus et il n'est pas impossible de penser que cela aide à bien vieillir. Encore faut-il bien le digérer : le cacao actuel est fortement dégraissé, ce qui le rend plus léger mais les confiseries à base de chocolat contiennent souvent une telle quantité de matière grasse qu'elles sont parfois difficilement digestes. Le tube digestif est un organe qui doit travailler toute notre vie durant. Même si, avec l'âge les articulations, les muscles des membres sont plus rarement mis à l'épreuve, le besoin de s'alimenter oblige, toute la vie durant, l'estomac et l'intestin à fonctionner au mieux... faute de quoi il est difficile de bien vieillir. Dans ce domaine, Jeanne Calment a encore une excellente note. Et puis, comme pour le reste, elle aime ce qu'elle fait, elle prend plaisir à vivre : « On se régalait. » Outre l'appétit et le choix des aliments, il faut reconnaître qu'elle a bon goût, entendons par là qu'elle a toujours eu et qu'elle a toujours un palais performant : elle sait fort bien distinguer la qualité des produits qu'elle mange, des chocolats fins de chocolats ordinaires, un bon porto d'un porto de qualité moyenne. C'est un peu comme le fait d'avoir une bonne oreille ou une vue perçante, transposé dans un autre domaine : une question de don et d'éducation à la fois. Nombreux sont ceux qui, bien que Français, ne distinguent pas grand-chose en gastronomie, malheureux béotiens de l'art culinaire, ceux pour lesquels tout aliment n'est jamais que nourriture. Tel n'est pas son cas.

Son petit penchant pour le porto est bien connu : surtout un porto de qualité, un petit verre (ou deux) avant le repas ou après. Elle nous signale ici qu'elle aimait aussi le vin. Elle a toujours pris du vin, avec modération. Elle en prend encore un peu, à l'occasion.

Elle prend maintenant du « mixé », ce qu'elle appelle de la purée, une alimentation composite très répandue dans les maisons de retraite, nourrissante mais sans grande consistance et sans trop de goût, en tout cas très répétitive et monotone, hélas souvent nécessaire. Elle le regrette et voudrait bien autre chose. Chacun de penser : mais pourquoi ne reçoit-elle pas des mets simples, normaux? Il n'est pas dit qu'elle pourrait manger, mastiquer et avaler autre chose! Triste à dire, mais vrai. L'étude des rapports entre la nutrition et le vieillissement n'en est qu'à ses débuts mais il y a une relation très forte entre ces deux domaines. La perte du goût est un grand risque pour les personnes âgées qui, de la sorte, n'ont plus d'appétit.

Qu'est-ce que Jeanne Calment aurait mangé de si particulier toute sa vie durant qui puisse, entre autres choses, l'avoir aidée à atteindre un âge si élevé? Rien, rien de spécial si ce n'est une alimentation très diversifiée (qui tenait d'abord à son milieu social). En fait, à bien y regarder, il peut y avoir deux choses, de simples présomptions, l'huile d'olive et le vin rouge ! En France, il existe une différence d'espérance de vie et de longévité importante (plusieurs années) entre le sud et le nord du pays. D'ordinaire, les savants attribuent cet écart aux différences de niveau social qui conditionnent beaucoup d'autres facteurs. Mais il existe une autre explication, ce que les Américains, surpris de constater le phénomène, ont appelé le *French diet paradox*, le paradoxe du régime alimentaire français. Les Français (du Sud en tout cas) ont une alimentation très riche en graisse (jusqu'au foie gras, aux confits de volailles, etc.) et pourtant ils (et surtout elles) ont une espérance de vie parmi les plus élevées du monde ! En effet, le nombre de décès par troubles cardio-vasculaires est plus faible dans cette population qu'ailleurs ; moins d'infarctus du myocarde, moins d'ictus apoplectiques (les « attaques cérébrales » ou accidents vasculaires cérébraux). Il pourrait s'agir du style de vie détendu, du caractère jovial, de l'extraversion notoire (qui pousse les méridionaux à exprimer, à extérioriser tous leurs mécontentements). Rien n'est moins sûr. Les deux éléments à retenir sont une consommation modérée de vin rouge et l'utilisation de l'huile d'olive ! Le vin agit déjà comme un sédatif léger qui nous fait voir la vie du bon côté ou avec plus de détachement. Le vin rouge contient des substances protectrices. Tout d'abord on y trouve des flavonoïdes, substances végétales, qui protègent contre les radicaux libres, ces dérivés de l'oxygène très toxiques qui font vieillir trop rapidement tous nos organes. Il y en a d'autres qui agissent comme l'aspirine en rendant le sang plus fluide : il circule mieux et il formera plus difficilement ces caillots responsables de l'obstruction brusque d'un petit vaisseau nourricier du cœur ou du cerveau. L'huile d'olive, quant à elle, contient certains types de graisses (dites insaturées) qui sont plus bénéfiques que les graisses alimentaires habituelles avec lesquelles elles entrent en compétition. Aucune certitude sur ces deux points, mais de toute façon, il n'y a aucun risque à essayer de se protéger de la sorte.

Dès son entrée à la Maison du Lac, le 10 janvier 1985, elle a profondément marqué l'établissement par sa personnalité avec tout d'abord son rythme de vie. Elle n'acceptait pas celui imposé à l'ensemble des pensionnaires. Elle se faisait réveiller à 6 heures 45, commençant sa journée par une prière et surtout par sa gymnastique, souvent avec le baladeur sur la tête. Elle effectuait des mouvements de flexion et d'extension des doigts car « une femme distinguée doit avoir de belles mains ». Tout le personnel avait remarqué qu'en dépit de sa cécité, elle se déplaçait beaucoup plus vite que les autres personnes. Le programme de chacune de ses journées était très structuré avec des rites et des marques mais, depuis sa double fracture, elle a abandonné ses habitudes. Il n'en reste pas moins une leçon : Jeanne Calment ne s'est pas adaptée au mode de vie de la Maison du Lac ; la Maison du Lac ne s'est pas adaptée à celui de Jeanne Calment mais Jeanne Calment a adapté le mode de vie de la Maison du Lac au sien !

Alors qu'elle avait quatre-vingt-dix ans « seulement », Manzane mit l'appartement qu'elle occupait en viager au profit d'un notaire d'Arles (Maître André-François Raffray pour ne pas le citer, puisque la presse s'en est déjà fait l'écho). À l'époque, l'affaire semblait raisonnable. Le viager n'a pas toujours bonne réputation : pourtant, voilà une pratique qui permet aux vieilles personnes avec des ressources modestes d'avoir quelques subsides pour terminer leurs vieux jours (et éventuellement de déshériter quelques descendants indésirables). Il s'agit d'un petit appartement de quatre pièces, situé au premier étage de l'ancien immeuble des magasins Calment, rue Gambetta. Voilà vingt-neuf ans que le brave notaire s'acquitte régulièrement de son dû : deux mille cinq cents francs par mois. Le notaire est maintenant à la retraite... et verse toujours ses mensualités. Voilà qui représente quand même une jolie somme, car le coût de ce bien s'élève déjà à la somme de huit cent soixante-dix mille francs (sans les intérêts !) : un peu cher pour une ville comme Arles. Il faut quand même rendre hommage au notaire et à son sens de l'humour. À sa manière, il a permis à Mme Calment de subsister ! Comme il le dit : « Si c'était l'État qui versait une rente à Mme Calment, on n'en ferait pas tant d'histoires ! » C'est bien vrai. Elle n'a pas toujours été tendre avec lui, lui adressant chaque année une lettre un peu acerbe et ironique qu'elle dictait (comme tout son courrier) d'un ton autoritaire, recommandant de bien faire attention car elle ne répéterait pas. Chaque année, elle commençait en s'excusant d'être toujours en vie, souhaitait à son correspondant un centenaire identique au sien et terminait en lui donnant rendez-vous pour l'année suivante...

Hélas, la réalité financière est moins drôle : placée dans un système de cure médicale (une catégorie parmi tant d'autres dans lesquelles certaines personnes âgées finissent leurs jours, et ceux de Jeanne Calment sont particulièrement longs), elle « coûte » quatre cent quarante-deux francs par jour, soit treize mille quatre cent quatre-vingts francs par mois. Son viager, sa retraite, une allocation de la ville d'Arles pour le logement, un forfait de l'aide sociale et quelques fermages qu'elle possède encore servent à couvrir cette somme, en partie du moins.

L'État lui laisse trois cent quatre-vingts francs par mois pour ses besoins personnels, qui sont, il faut le dire, limités. Elle peut, avec ce petit pécule, faire quelques cadeaux quand l'envie lui en prend. Notre système de soins est efficace mais gourmand. Nombreuses sont les personnes âgées qui, de la sorte, voient disparaître tous leurs biens, au grand dam de leurs héritiers, pour payer les frais d'hospitalisation et d'hébergement. Pourtant, lors de son cent dix-neuvième anniversaire, la Fondation IPSEN a eu l'occasion de lui offrir une nouvelle robe pour qu'elle soit ravissante, elle qui est toujours coquette. La robe que Christian Lacroix, le « grand couturier » originaire d'Arles, avait fournie pour des prises de vue n'aurait été que prêtée ! Chose remarquable, Mme Calment gère toujours – théoriquement en tout cas – ses biens : elle n'est pas (encore) sous curatelle ou sous tutelle. Il lui arrive de se faire emmener pour chercher un peu d'argent liquide chez le caissier de l'hôpital.

Au passage, Mme Calment nous montre, comme à son habitude, son penchant marqué pour les calembours (« à deux pieds »), les rapprochements sémantiques (à propos de salade), ou les véritables inventions linguistiques : « J'étais heureuse en soi », en s'accordant au passage un petit autosatisfecit. Et encore une fois, elle ne parle que de bonheur, que du bonheur.

LA MUSIQUE

• *« J'avais envie de parler un peu de musique avec vous.*

Si vous voulez.

• *Vous souvenez-vous du nom de ceux qui vous enseignaient la musique chez vos parents?*

Ce n'est plus récent, ça. La famille Gaston, le professeur de piano Césari Gaston.

• *Seriez-vous capable de rejouer du piano, si on vous en apportait un?*

Oh! oh! mais, j'ai pas oublié. Il n'y a pas si longtemps, je jouais encore! J'ai commencé à sept ans. À sept ans, j'ai commencé le solfège, puis après j'ai continué; j'avais des dispositions pour ça.

• *Le professeur venait-il chez vous?*

Oui. Après je suis allée à Marseille, j'ai pris des leçons à Marseille et puis j'ai continué à m'entretenir parce que j'étais douée pour ça. J'ai joué du classique, de la musique classique. Des tonnes, du solfège, du classique.

• *Au conservatoire aussi?*

Oui, au début.

• *Vous n'êtes pas restée longtemps au conservatoire?*

Non, j'ai poursuivi chez moi après.

• *Est-ce que vous êtes allée à Paris pour apprendre le piano?*

Pour apprendre le piano, non. C'était pas la peine d'aller à Paris, il y avait des professeurs capables chez nous. Des professeurs, il n'y en a pas qu'à Paris ! Il y avait des bons professeurs à Arles !

• *Qui était votre premier professeur de piano?*

Je vous ai déjà dit ça, Césari Gaston, Césari Gaston *(avec insistance)* ! Il y a des élèves qui venaient à Arles ; chaque semaine, chez les Gaston. Après je suis allée à Marseille. [...]

• *Quand vous étiez jeune, alliez-vous à l'opéra?*

Mais, bien sûr ! Étant jeune fille, mon père ne voulait pas mais, une fois mariée, avec mon mari, on y est allés, forcément. On a mené une belle vie !

• *Qu'est-ce que vous avez vu, comme opéra?*

Oh ! toutes sortes d'opéras. *Lohengrin*, Mozart, *Faust*, tous les opéras qu'il y avait à l'époque. Oh ! je les aimais tous. J'aimais tellement la musique. À Arles, les opéras, ça ne comptait pas. Nous allions à Marseille avec mon mari. Quand on avait fait une bonne recette, à la morte saison, alors, on allait passer une journée. On allait à l'*Alcazar*.

• *Et alors, qu'avez-vous vu?*

Eh ! bien, la fameuse *Arlésienne, Carmen, Lohengrin. Lohengrin*, c'était une musique un peu dure, un peu dure... Il y a *Faust*, je vous l'ai dit. *La Belle de Cadix*, ah ! ça, c'est une revue, *La Belle de Cadix*. Nous allions plutôt au théâtre qu'aux revues... *Faust, Mireille, Le Carnaval de Venise*... Ben, oui. Je l'ai déjà dit : *L'Arlésienne, Carmen, La Péricole*...

• *Quel est le premier que vous avez vu?*

Je vous l'ai dit. Tannhäuser, je vous l'ai déjà dit.

• *Avez-vous un opéra préféré?*

Oh ! j'en ai pas un, unique : les Mozart, j'aime les Mozart, oui, je n'aime pas la grosse musique. J'aimais beaucoup la musique et je les aimais tous. Moi, je travaillais mon piano, je travaillais mon piano avec du Mozart, du Beethoven. Là, j'avais des dispositions. Mais tout ça, je l'ai fait une fois mariée.

• *Est-ce que vous êtes allée à l'opéra, à Béziers?*

À Béziers, non, non. Vous êtes de Béziers?

• *Quand vous alliez à l'opéra à Marseille, il y avait de belles toilettes?*

Ah ! forcément ! À Marseille ! Je comprends.

• *Pour l'opéra, vous mettiez des robes de soirée?*

Ah! il y avait des robes longues. Oui, des robes décolletées.

• *Est-ce que vous aimiez les fourrures?*

Ah! Qui n'aime pas les fourrures! Je portais de grands boas, ce qu'on appelait les boas, du castor, du castor, de la fourrure qu'il y avait à l'époque. Le renard, c'était à la mode! J'en avais un très beau. Il était gris clair avec une belle queue, une belle queue et une tête. Je me rappelle pas. Je sais qu'il était beau. Le renard argenté. Il était dans les gris clair, forcément. Ça dépendait.

• *Qu'est-ce que vous avez vu comme pièce?*

Oh! Depuis cent ans! Je me rappelle plus! Tout ce qu'il y avait à l'époque; tout ce qui était à la mode! Il y avait *Lohengrin* et puis *Norvan*, heu... Je me rappelle plus, il y en avait tellement. Ça ne vient pas en ce moment, ça me viendra tout à l'heure, maintenant ça ne me vient pas. Je suis complètement dépourvue, c'est trop rapide. Alors naturellement, il faut que je pense! que je repense!

• *Vous m'avez parlé de l'opéra de Marseille, est-ce que vous pourriez me le décrire un peu?*

C'est un opéra immense comme tous les opéras, immense, grande scène, comme tous les opéras. C'est toujours le même modèle, plus ou moins, c'est toujours le même modèle.

• *Vous y alliez souvent?*

Ah! ben, de temps en temps, oui. Ça dépendait, ça dépendait de l'affiche. Selon ce qu'il y avait à l'affiche, on allait ou on n'y allait pas.

• *Vous couchiez à Marseille?*

Ça dépendait. Ça dépendait de la longueur de l'opéra. Selon la longueur, on couchait à Marseille.

• *Justement, en 1926, il y a eu les fêtes d'Arles. On avait donné un opéra :* Orphée *de Gluck.*

Orphée, Orphée, oui, de Gluck... Ah! oui! *(Elle chante.)* “ J'ai perdu mon Eurydice ” c'était joli, ça! c'était joli, ça! L'air me revient.

• *Est-ce que vous aimeriez qu'on vous apporte un appareil pour écouter des disques?*

Oui... “ J’ai perdu mon Eurydice ” *(elle chante encore)*... Ça, je m’en rappelle très bien.

• *Est-ce que vous y êtes allée?*

Oui, oui, oui, bien sûr. Si je n’y étais pas allée, personne n’y aurait été. »

Avec cette synthèse de différents entretiens, nous voilà revenus sur le thème de la mémoire. La mémoire de l’ouïe, celle des sons (les noms entendus, les bruits, les mélodies) fait appel à un système différent de la mémoire des lettres, des images ou d’autres sensations. Là encore, Jeanne Calment est étonnante. La musique tient une grande place dans sa vie alors que la littérature ou la peinture (bien qu’elle en fît elle-même étant jeune) sont beaucoup moins présentes. Lorsque l’on essaye de retrouver des titres de romans, des exemples de tableaux, les résultats sont beaucoup moins bons. Tout enfant, elle apprit le piano comme les filles « de bonne famille » qui recevaient l’éducation bourgeoise de l’époque, ce qui l’a formée et lui facilite les choses aujourd’hui dans le type d’épreuves que nous lui avons proposées. Elle cite, à la demande, de nombreuses œuvres majeures du répertoire musical et chante spontanément, dans l’entretien ici présenté, un air de Gluck. La mémoire des noms propres, des patronymes, procède en partie de cette mémoire musicale. Elle nous montre comment elle cite sans hésitation le nom de Césari.

Nous lui avons fait entendre, par ailleurs, des mélodies simples, celles qu’apprennent les débutants au clavier comme *Le Gai Laboureur, Le Petit Cavalier* de Schumann ou *La Truite* de Schubert : elle les a parfaitement identifiés. Jeanne Calment chante encore facilement et assez juste, dans la mesure où sa voix le lui permet. La voix d’une personne est sans doute une des caractéristiques la plus forte, la plus personnelle. La voix de chacun est très typique et n’est pareille à nulle autre, tout comme les empreintes digitales. De nombreux services de renseignements, de police, d'espionnage ont essayé de classer, de cataloguer et d'identifier les voix, sans vraiment y arriver tant le timbre, le ton et le rythme de la voix sont complexes et difficiles à décomposer. Même déformée, une voix particulière est assez facile à identifier pour l'affecter à une personne donnée. La voix est l'élément qui vieillit le plus tardivement chez un individu. Quand bien même les muscles des membres auront failli, quand les idées se seront ralenties, quand la mémoire se sera effritée, lorsque la peau sera fanée, que la vue baissera et que les yeux seront obscurcis, quand l'esprit sera fatigué, que l'ouïe se fermera, la voix restera longtemps encore celle que chacun a connue, la petite parcelle de nous qui signera notre vie. Et la voix de Mme Calment est encore le reflet de ce que cette dame fut : alerte, vive, enjouée, accentuée. Tout cela participe à l'idée des sons, des musiques que le cerveau gère et organise. À la naissance, nous sommes tous semblables ou assez ressemblants. Il est sûr qu'une mère arrivera facilement à reconnaître son enfant entre mille, qu'une puéricultrice saura attribuer le bébé à ses parents sans erreur mais combien se ressemblent-ils tous, dans leur crèche ou leur pouponnière quand on les compare aux mêmes enfants quelques années plus tard, ou encore aux jeunes adultes qu'ils deviendront. Au fur et à mesure de la croissance, de la maturité, nous allons nous différencier : le patrimoine génétique qui est inscrit au plus profond de nos cellules va s'exprimer, parfois très tardivement; les marques de l'expérience, des rencontres, des cicatrices de la vie vont imprimer leur trace dans l'expression des gestes et du corps. Puis, peu à peu, les traits vont s'émousser, et l'expression devenir plus commune. Et la question se pose : en vieillissant, les individus tendent-ils à se ressembler ou au contraire à diverger encore plus? Placés côte à côte, des portraits de vieillards donneraient à penser qu'ils sont bien semblables; les caractères propres au sexe s'estompent avec le temps, la spécificité des visages tend à une représentation indifférenciée comme si chacun devait peu à peu se fondre dans une image presque collective. Pourtant, la voix est encore là pour rappeler ce que chacun a d'unique.

La voix de Mme Calment reste unique : nous l'avons écoutée encore et encore pendant des heures. Le contrôle des muscles qui commandent l'articulation des mots est déficient; ils n'obéissent plus avec autant de souplesse, de finesse, de fidélité, d'aisance, de docilité qu'auparavant (et puis, ce n'est pas un secret, un dentier n'arrange jamais les choses). Au grand dam des journalistes, elle est souvent difficile à comprendre. Mais la musicalité du parler est toujours là, l'idée qui précède l'expression est toujours aussi forte.

Lorsque Jeanne Calment dit, ne trouvant pas de réponse à une question : « Il faut que j'y repense », ce n'est pas une parole en l'air, pour rester dans le domaine musical. Effectivement, la question va germer; elle va procéder dans les jours qui suivent à la récollection de ses souvenirs pour fournir les réponses. Un jour, lui demandant de nous réciter des fables de La Fontaine, elle se trouva elle-même fort dépourvue (comme elle le dit si bien). Quelques jours plus tard, elle nous annonça fièrement qu'elle avait « appris », c'est-à-dire, retrouvé, en faisant travailler ses méninges, quatre fables.

Elle a souvent parlé des opéras, car ce genre est plus en rapport avec son rang social et ses ambitions, toutefois elle ne dédaignait pas les revues de variétés, l'ancêtre du music-hall. Elle garde un souvenir précis de la Belle Otéro qui se présentait sur scène à côté d'un chanteur pour prendre des poses en concordance avec l'action ou encore déclamait des textes. Mme Calment fut frappée par la tenue élégante, l'allure altière, le maintien impeccable de cette très belle femme « qui n'apparaissait jamais nue », autant d'éléments qui correspondent bien aux modèles de Mme Calment. Encore une fois, elle nous fait sentir son sens de la différence sociale, de la distinction; si elle n'était pas allée à l'Opéra, personne dans Arles n'y serait allé. Assez curieusement, elle nous parle de la fameuse *Arlésienne* et propose *Carmen*! Amusante coïncidence : *Carmen* de Bizet, d'après la nouvelle de Prosper Mérimée (dont le livret a été adapté par Henri Meilhac et Ludovic Halévy), a été créé à Paris dix jours après la naissance de Jeanne.

LA VIE ARLÉSIENNE À LA BELLE ÉPOQUE

• *«Avez-vous eu l'occasion de rencontrer Frédéric Mistral?*

Oui! Oui, c'était un ami de mon père... euh, c'était un ami de mon mari!

• *Êtes-vous allée chez lui à Maillane?*

Oui.

• *Vous souvenez-vous quand on lui a donné le prix Nobel?*

Ah! oui, ah! oui. [...]

• *Vous m'aviez dit qu'il y avait eu une grande fête!*

Forcément. *(Avec insistance.)*

• *L'avez-vous toujours rencontré en bonne santé?*

Oui, jusqu'à sa fin.

• *Vous vous rappelez sa fin?*

Eh! vaguement, mon mari s'en rappelle mieux, lui. C'était un ami de mon mari.

• *Vous m'aviez dit une fois que vous l'aviez trouvé malade.*

Oui, eh bien, à la fin de ses jours.

• *Qu'appeliez-vous malade? Il avait mauvaise figure?*

C'est ça... malade: vous savez bien ce que ça signifie! Malade, on peut donner plusieurs noms. C'est varié... [...]

• *Vous vous souvenez des fêtes d'Arles?*

Oh! je ne me rappelle plus. Des fêtes, des fêtes provençales, des fêtes locales, et ce qu'on appelle la mise à mort, il y avait des corridas; ça m'intéressait médiocrement, mais ça m'intéressait quand même.

• *Est-ce que vous alliez aux corridas, quand vous étiez jeune?*

Moi, ça ne m'a jamais passionnée. Mon mari aimait. Moi, je n'aime pas trop... Non, non. Ça ne me plaisait pas.

• *Vous avez vu des corridas en Arles?*

Oui, oui. Mais je me rappelle plus... Non. Je n'y allais pas. Mon mari pourrait vous le dire, s'il était là. Ah! lui était amateur, mais pas moi. Quand il y avait une corrida ailleurs, mon mari y allait seul.

• *Était-ce un beau spectacle?*

Pour ceux qui l'aiment, c'est sauvage; je ne l'aime pas.

• *Et vous avez vu de belles corridas?*

Oui, très belles et j'ai vu de grands, de grands toréadors... j'ai vu Espartero.

• *Qui était Espartero?*

Un Espagnol. Il était venu en Arles; il se déplaçait. C'était un grand matador. Les arènes pleines, c'était merveilleux.

• *Vous m'avez dit qu'il était mort à Nîmes devant vous, Espartero.*

Oui, le taureau lui avait arraché le manteau. Alors, il s'est vautré sur lui. Souvenir pénible! Oh! Oh! Les arènes étaient combles!

• *Et est-ce que vous suiviez les courses à la cocarde?*

Ça, plutôt. Ça, c'était amusant... Oh! Je comprends, c'est mon pays!... Oui, des ferrades, ça oui; ça, ça m'amusait. Il n'y avait pas de danger. [...]

• *Et vous aimiez danser?*

Quand j'étais jeune, je dansais dans les fêtes de famille. Ça me plaisait. Il y avait des bals, le samedi. Il y avait des personnalités, soit le maire ou le sous-préfet, ça dépendait de la société. On faisait la valse, la valse classique.

• *Qu'appelez-vous la valse classique?*

La valse tournée, on tourne sur place, la vraie valse, ce qu'on appelle la valse. Vous savez ce que c'est qu'une valse? Il n'y a pas deux genres de valses; il n'y en a qu'une. Je dansais bien.

• *Est-ce que vous avez assisté, à ce moment-là, à de très grands bals qui vous ont laissé un souvenir?*

Ah! bien oui, le bal de l'Alliance française [...] Là, je m'en suis donné à cœur joie. L'Alliance française à l'époque, c'était une société et on s'occupait de la France. C'est compliqué ça, c'est compliqué ce que vous me demandez.

• *Qui aviez-vous pour cavalier, à ce moment-là?*

Oh! il y en avait plusieurs, il y en avait des quantités. Quand on est jeune, on en a tant qu'on veut.

• *Quand vous alliez à ce bal, vous étiez habillée comment?*

Une jolie robe blanche avec des dentelles. À la mode de l'époque. Oui. On l'avait fait faire chez une couturière, une bonne couturière, de renom. Mme Chambourgon.

• *C'est elle qui vous faisait tous vos vêtements?*

Oui, à peu près. Il y en avait une autre.

• *Elle s'appelait comment, l'autre?*

Je ne sais pas. Tartempion! Je me rappelle des robes brodées, blanches brodées.

• *Elles étaient décolletées?*

Oh! à l'époque au cou, seulement, autour du cou simplement, pas plus. Ah! jeune fille, ça se faisait pas à l'époque! À ce moment, c'était la robe au ras du cou.

• *C'était à quelle époque?*

C'était avant mon mariage, jeune fille, je devais avoir seize ans, dix-sept ans. Ça, ça ne me revient pas. Je ne suis allée qu'une fois au bal, avec un copain de mon père... à l'Alliance française. C'était pas loin, on y allait à pied. C'était au théâtre, le bal était au théâtre.

• *Ah! ça n'avait pas eu lieu à la mairie, alors?*

Ah! non, le grand bal de l'Alliance française, c'était toujours au théâtre. Je vous parle de celui de l'Alliance française, le plus beau, du beau monde, des belles toilettes.

• *C'était à quel théâtre?*

C'était en Arles. En Arles, il n'y en a pas cinquante! À ce moment-là, il n'y avait que le théâtre.

• *Où est-ce que vous dansiez? Sur la scène ou bien...?*

En bas, au fond, en bas. C'était arrangé pour la circonstance. Il y avait des fauteuils, surtout pour les parents, et puis on dansait en bas. Il y avait un orchestre. Il jouait des valses, dès polkas, des mazurkas, des valses de l'époque.

• *Et le quadrille?*

Ah! non... ah! oui, on le faisait, le quadrille, ah! oui, si, on le faisait. On danse à quatre. Oui, c'était amusant, très amusant. Je revois des physionomies.

• *Et à ce bal, votre père vous avait fait danser?*

Il ne dansait pas, il était sévère. Oh! mon père était sévère. Il était assis, il regardait danser les autres. Il y en avait beaucoup comme ça et il y avait de quoi regarder dans le Théâtre, en bas, c'est grand.

• *Qu'appelez-vous sévère? Vous le dites tout le temps.*

Je ne pouvais pas sortir seule... Il se méfiait de moi. Il disait toujours : ma fille, c'est le garçon. Autant mon frère était sérieux, moi, j'étais folâtre. Il n'avait pas confiance en moi. [...]

• *Est-ce que vous êtes allée à un bal habillée en Arlésienne?*

À un, oui, le bal de l'Arlésienne. Il y a un bal où il n'y a que des Arlésiennes. Oui. Ah! j'étais coiffée, surtout, j'étais belle. Avec le costume de mariée. Avec le costume de mariée parce que l'Arlésienne, elle a plusieurs sortes de costumes. Elle a le costume avec la cravate, le costume avec le ruban et puis elle a la robe de mariée, de gala, la robe avec pèlerine de dentelles, la robe de soie et le tissu en dentelles. Elle est plus belle avec la pèlerine, la pèlerine en dentelles.

• *Qu'est-ce que vous aviez, comme coiffe?*

Ah! bien, des rubans, il y avait le ruban, il y avait la ganse. Oui, j'étais habillée en Arlésienne. Ce qu'on appelle le ruban. Parce que l'Arlésienne, elle a trois coiffures. Je portais l'élégante, la grande toilette, la pèlerine de dentelles et les gants en dentelles. On m'avait habillée en Mireille, comme j'étais brune; j'étais belle. Les hommes avaient ou l'habit ou la jaquette ou le veston. Mon mari avait mis l'habit.

• *Et comme coiffe, qu'est-ce que vous aviez?*

Ah! la coiffure de l'époque, j'avais un beau chignon.

• *Vous aviez le ruban?*

Ah! non! Ah! comme Arlésienne? Ah! non, le costume de noces; c'est-à-dire la robe entière et une pèlerine en dentelles de Malines.

• *Et la coiffe, ça s'appelle comment?*

La pèlerine, c'était une pèlerine, la coiffe de fête, c'était la pèlerine en dentelles et la robe entière.

• *Non, mais la pèlerine, on la met sur le dos; et sur la tête qu'est-ce que vous aviez? Il y avait la cravate, le ruban.*

Ah! non! ah! non! il y avait la pèlerine. Je vous dis que la pèlerine, c'était, c'était la grande tenue de fête.

• *Mais la pèlerine, ça allait avec quoi, sur la tête?*

Une ganse en dentelles.

• *Voilà, vous étiez gansée?*

Gansée, c'était la robe de danse de mariage.

• *Oui. Vous l'avez porté souvent, le costume de fête?*

Pas tout le temps. À des occasions.

• *Ça vous plaisait?*

Ben, ça m'amusait.

• *Vous préfériez le costume de ville?*

Ben, c'est plus pratique! Ma mère portait le costume d'Arlésienne; elle, elle le portait.

• *Et vous, vous étiez plutôt habillée à la mode?*

Oui.

• *Vous souvenez-vous comment vous étiez habillée, à ce moment-là?*

Quand?

• *Quand vous aviez vingt ans, par exemple?*

Oh! vous m'en demandez trop. Vous exagérez! J'ai mené une vie d'homme. J'étais chasseuse, vous m'entendez. Ça va vous surprendre.

• *Vous n'étiez pas habillée en homme?*

Non, j'avais des robes de cycliste. La culotte en tissu et la jupe à moitié et comme je n'aimais pas les salamalecs, j'allais avec mon mari. »

Mme Calment nous rappelle ici ou nous confirme qu'elle est (ou a été) le témoin vivant d'un siècle d'histoire... qu'elle a rencontré quelques célébrités comme Frédéric Mistral, l'homme qui a ressuscité la langue provençale et qui a reçu le prix Nobel de littérature en 1904. Mais le début de ce passage est décevant : nous n'y apprenons presque rien. Lorsqu'elle est questionnée sur la maladie de Mistral à la fin de sa vie, elle nous renvoie la balle. Elle n'oublie pas qu'elle a un médecin en face d'elle; elle argumente fort élégamment qu'un médecin devrait bien connaître les maladies, en tout cas mieux qu'elle. Il arrive aussi qu'elle se reprenne pour se corriger : c'est son mari et non son père qui fréquentait Mistral.

Les corridas sont une part importante de la vie d'Arles mais Mme Calment n'a guère apprécié la tauromachie; ça l'intéressait, sans plus. Pourtant elle se souvient de l'accident d'Espartero et du nom de ce matador. Nous avons vérifié : tout est exact.

Lorsque Mme Calment perd patience à propos de la valse, elle précise la « valse classique » car, contrairement à ce qu'elle affirme plus loin, il y en a bien plusieurs (même dans son esprit) : elle veut sans doute opposer la valse classique à la valse musette, plus populaire.

Si vous vous rendez en Provence, en Arles, vous serez surpris de trouver à chaque coin de rue des magasins dont les vitrines présentent fièrement les costumes locaux, masculins comme féminins. Peut-être rencontrerez-vous dans la rue, en dehors de toute festivité ou célébration particulière, des habitants de la région vêtus de ces costumes. Il n'y a pas d'autre ville en France, et même dans le monde, où l'habit traditionnel soit à l'honneur de manière aussi vivace. Ce n'est pas un attribut du passé mais bien un élément du présent. Le folklore y est toujours vivant, actuel. Cela tient à plusieurs choses : tout d'abord la qualité des tissus et la diversité des motifs. Ils restent toujours modernes, sans cesse renouvelés dans la continuité d'une tradition très forte. Aujourd'hui, ces tissus ne servent pas seulement à tailler des vêtements mais aussi à la décoration et au linge de maison. L'afflux important de touristes permet de maintenir et de développer cette industrie. Il est clair que le poète Frédéric Mistral a donné une impulsion fantastique au dynamisme de la culture provençale. Par ailleurs, comme il n'y a pas eu de rupture avec une renaissance, le costume s'est adapté à la mode, bénéficiant d'une coupe plus moderne, propre au goût du jour.

Mme Calment a porté le costume! Voilà qui est surprenant. Elle n'a pas toujours eu grande estime pour la culture et la langue provençales. Celles-ci étaient populaires et Jeanne Calment préférait la culture bourgeoise dans laquelle elle pensait trouver plus de raffinement. Les habitants d'Arles l'appellent toujours Calm*in* avec l'accent provençal qui chante alors qu'elle a toujours voulu s'appeler (ou se faire appeler) Calm*an*. C'est la première demande qu'elle a formulée au personnel de la Maison du Lac. D'ailleurs, il lui arrive encore d'échanger quelques mots en provençal. Alors qu'il n'y a que très rarement des difficultés de langage avec Mme Calment, car en plus d'un siècle, elle a su intégrer et assimiler toutes les nouvelles acquisitions du français, ici la conversation achoppe car les mots portent des sens différents pour les deux locuteurs. Lorsqu'elle dit qu'elle était coiffée, cela veut dire qu'elle portait une des trois coiffes traditionnelles du costume provençal. Lorsqu'elle parle de pèlerine, il s'agit d'un grand col, ou collet, qui tombe sur la poitrine et sur les épaules et que l'on peut, dans certains cas, rabattre sur la tête. Il ne s'agissait pas comme nous l'avons cru au départ, d'une sorte de grande cape ou d'un manteau sans manche. Des trois vêtements provençaux, la cravate (le plus simple), le ruban et la « gansée ». C'est ce dernier mot, d'origine provençale, que nous arrivons finalement à lui faire dire avec beaucoup de difficultés. Le costume gansé est le plus apprêté des trois tenues d'Arlésienne, la seule, bien sûr, que Mme Calment a portée.

Mme Calment était coquette; elle est toujours et encore coquette. Elle aime les toilettes; elle les porte bien. Mais celle qu'elle préférait était un costume de sport!

LE QUART D'HEURE DE L'IMPUNITÉ

• *« Nous sommes venus vous poser quelques questions.*

Je vous entends.

• *Vous m'entendez bien, en ce moment?*

Hum...

• *Est-ce que vous m'entendez bien?*

Il me semble que je vous ai dit que je vous entends bien maintenant!

• *Vous connaissez le numéro de téléphone d'ici?*

Non, je ne m'en sers pas! J'ai pas l'habitude.

• *Je vais vous le donner.*

J'en ai pas besoin!

• *Je vais vous le donner; écoutez bien. C'est le 90 49 29 29. Vous pouvez me le répéter?*

Comment? Je n'en sais rien... Malheureusement, je suis dure d'oreille, complètement.

• *Écoutez-moi. Le numéro est le 4, 9, 2, 9, 2 et 9.*

Vous avez dit vrai! C'est exact.

• *Eh bien, répétez-le-moi.*

Vous n'en avez pas besoin. *(Elle s'énerve légèrement.)* Et après, qu'est-ce que vous voulez que j'en fasse de ce numéro? Qu'est-ce que vous voulez que j'en fasse! Je n'en ai pas besoin! Je ne peux le donner à personne.

• *Vous allez me répéter les premiers chiffres...*

Je ne le retiendrai pas; non, je ne le retiendrai pas.

• *Alors, quel numéro est-ce?*
Je n'entends pas; j'entends mal.
• *Vous entendez quand vous voulez.*
Non, je me rappelle plus. Non, il faut pas y compter. Je vous redis : que voulez-vous que j'en fasse? Que voulez-vous que j'en fasse? [...]
J'ai toujours fait ce que je voulais. Très volontaire et combinarde... un rien, je combine.
• *Vous combinez encore des choses, maintenant?*
Ben, quand l'occasion se présente! Je n'ai jamais été timide, non je n'ai jamais été timide, plutôt arrogante. Je ne me suis jamais laissé faire. Je refusais, je réagissais au quart d'heure de l'impunité comme j'appelais ça.
• *Vous aviez une vie religieuse, à ce moment-là?*
J'ai continué. J'allais toujours à la messe et pour les vendredis, j'allais aux vêpres aussi. J'allais tous les premiers vendredis du mois et il y avait une cérémonie, n'est-ce pas?
• *Oui, et, actuellement, est-ce que vous croyez en Dieu?*
Oui, je crois; tout ce que je lui demande, il me l'accorde. Comment voulez-vous que je n'y croie pas?
• *Vous y pensez souvent?*
Que voulez-vous, j'ai besoin de lui. Tout le temps je l'asticote : je lui demande, protège-moi pour ceci, protège-moi pour cela.
• *Et vous lui parlez?*
Ah! comme on parle à un Dieu. Je ne le vois pas mais comme on parle à l'église, il entend tout le monde. Je lui demande de m'excuser. Je le questionne. Quand j'ai quelque chose à faire, je lui dis : mon Dieu, Seigneur, j'ai besoin de vous plus que jamais pour m'aider à faire certaines choses. Je lui demande ce service.
• *Vous dialoguez avec lui?*
Oui, ben, je, je, je... comme une croyante. Quand j'ai eu mon opération. Quand je suis ennuyée, je lui demande de m'aider. [...]
• *Un jour, nous avons parlé de Dieu, est-ce que vous êtes croyante?*
À ma façon! Je crois, je ne suis pas dévote. Il y a une puis-

sance qui nous domine, que ça s'appelle Dieu, donnez-lui le nom que vous voudrez, c'est un Dieu. À Dieu, j'y crois mais à ma façon!... Simple, je crois en lui et c'est tout. J'ai confiance en lui et puis c'est tout.

Je fais ma prière; ma prière du matin, ma prière du soir. Le Pater, l'Ave. Je lui parle, c'est ma façon de parler : aidez-moi, j'ai confiance en vous, aidez-moi. Ben, je l'implore pour qu'il m'aide.

• *En ce moment, vous voulez qu'il vous aide à quoi?*

À vivre, à vivre sans souci, à vivre raisonnablement, à vivre ma vie, le peu que j'ai à vivre.

• *Et la pensée de Dieu vous soutient?*

Oui. Quand j'ai quelque chose, je lui dis : mon Dieu aidez-moi, mon Dieu : je l'agace... Il me donne satisfaction.

• *Vous pensez qu'il y a un paradis?*

Ah! non.

• *Vous pensez pouvoir retrouver votre fille Yvonne?*

Non. Je n'ai pas cet espoir; ce serait trop beau! Quand la vie est finie, c'est fini. [...]

• *Vous avez envie de mourir?*

Non! Qui a envie de mourir? Vous? Mais si la mort vient, cela ne me dérangera pas.

• *Vous n'êtes pas malade!*

Non, je ne me plains pas, je ne souffre pas.

• *Vous avez un cerveau qui marche très bien.*

Oui, je sais; je n'ai qu'une chose... c'est que maintenant, je suis vieille! »

Nous souhaitions connaître avec précision les performances mnésiques de Jeanne Calment, les mesurer et les chiffrer, pour avoir certains repères. Pour cela, les psychologues utilisent des tests psychométriques plus ou moins complexes. Ces épreuves consistent en de multiples questions de logique, de raisonnement, d'attention, d'intelligence, de mémoire. Ils ont été spécialement conçus pour les personnes âgées qui acceptent de semblables examens, même si elles n'en comprennent pas la finalité (car souvent on ne leur a rien expliqué).

Au début, Mme Calment se prêta de bonne grâce à ce petit jeu qui n'avait rien de très utile pour elle. Quand on en vint aux chiffres, l'affaire se corsa. Mme Calment n'a jamais trop aimé les chiffres et préfère les noms (elle a longtemps fait des mots croisés, tant que sa vue le lui permettait). Un des tests classiques consiste à proposer une série de chiffres que le sujet doit retenir, souvent sous forme de numéros de téléphone. Lors de cet exercice, elle nous a tout bonnement roulés dans la farine avec une adresse rare. Elle a réussi avec opiniâtreté à débouter toutes nos tentatives à l'aide d'arguments parfaitement recevables et l'entretien prit vite la tournure d'un sketch. Elle nous fit gentiment comprendre que nous l'ennuyions.

Cette solidité et cet aplomb reviennent souvent dans les entretiens. Elle est autoritaire et décidée; elle n'a peur de rien. Elle ne se laissera pas influencer et, comme elle le précise : elle a toujours fait ce qu'elle voulait. Cette assurance lui permet cette espèce de confiance intrinsèque en Dieu. Elle monologue avec Lui en toute simplicité... De tout temps, elle l'a tutoyé. C'est presque un confident journalier à qui elle raconte sa vie, parfois à voix haute, même s'il n'y a pas à chaque fois de requête spéciale; les menus faits de la vie quotidienne, son programme de la journée. Elle a toujours consacré le début de sa matinée à ce temps de méditation avec, jadis en tout cas, quelques prières rituelles comme un Pater et un Ave. Elle s'adresse aussi à ses chers disparus. Autrefois, elle allait à l'église ou, naguère encore, assistait à l'office religieux du Centre hospitalier, mais elle ne dit ne pas avoir beaucoup fréquenté les prêtres. Elle n'a peur de rien, pas plus de la mort que d'autres choses; elle l'attend avec une sorte de disponibilité et de quiétude.

Pourtant, elle n'a guère d'espoir de revoir les siens. Elle dit ne pas croire à une vie dans l'Au-delà. Nous sommes revenus à plusieurs reprises sur ce point : la réponse n'a jamais varié. Elle ne porte guère d'espoir pour un grand Après!

Jeanne Calment a toujours soigné son image. Elle est exigeante avec elle-même; témoin, sa coquetterie. Elle a toujours voulu être présentable, bien coiffée. Jadis, elle se faisait emmener chez le coiffeur, quitte à se rendre à Nîmes pour avoir l'impression d'être encore mieux servie. Devant tous les visiteurs, les journalistes, elle tient chaque fois à faire bonne figure. Toute sa vie est demeuré ce souci constant de s'élever, surtout et d'abord dans le rang social (ce qui ne l'a pas rendue toujours sympathique!). Elle aima à fréquenter les gens du monde, la haute société d'Arles, les notables, les notoriétés de l'époque. Elle ne fréquentait que les gens d'un certain rang et elle aimait recevoir. Pour elle, l'apparence, les formes et la matière comptent beaucoup; les convenances sont importantes.

Le caractère, souvent qualifié de « sacré », de Mme Calment est une des caractéristiques les plus fortes de sa personnalité. Elle a réussi à adapter la maison de retraite à son point de vue, à son style de vie. Elle a refusé les horaires imposés. Elle a demandé que, chaque soir, le lit soit fait « à la découverte » selon tout un cérémonial presque digne du roi Soleil : les draps du dessus à moitié ouverts, en diagonale, la chemise de nuit posée au-dessus. Chaque matin, elle a demandé qu'on la réveille à heure fixe.

Peu à peu, nous nous sommes rendu compte que nous étions rentrés dans un jeu de séduction : trois hommes qui s'intéressaient à une femme, pour elle-même, pour ce qu'elle est vraiment. Elle a parfaitement compris ce qui, en elle, nous attirait, nous séduisait et elle a su valoriser tout ce qu'elle avait à sa disposition pour ce faire. Le désir de plaire, de séduire l'autre est un élément moteur essentiel pour vieillir, pour bien vieillir, pour durer longtemps. De ce fait, nous avons fait un livre d'homme sur une femme. Les « questions de femme », les discussions que les hommes qualifient à la légère de « féminines », avec ce qu'elles ont de badin et de fondamental n'apparaissent pas ici; dommage. Certes, elle est fort lucide sur elle-même : elle sait que son cerveau fonctionne encore bien mais elle admet aussi qu'elle a vieilli récemment. Pas d'illusions.

Rares sont les vies qui ne se terminent pas par une période de troubles, de problèmes (sauf si elles se terminent prématurément et brusquement), même si chacun tente de sauver au mieux les apparences. Pour Mme Calment, cette période est bien arrivée et dure plus longtemps que pour les autres (comme les autres périodes de sa vie). Jeanne est parfaitement lucide et garde beaucoup de distance avec la religion, même si elle reconnaît faire ses (ou des) prières, il semble qu'elle se livre plutôt à une sorte de méditation. Elle croit en une puissance ou une force supérieure, qu'on la nomme comme l'on veut. Elle n'a pas peur de la mort mais redoute la souffrance. Elle continue à faire preuve de cette remarquable confiance en elle-même, dans les autres, dans l'avenir, sans angoisse ni anxiété. Elle a su passer trois caps essentiels que chacun risque fort de rencontrer lors du vieillissement. Tout d'abord, l'entrée volontaire, lucide, assumée dans une maison de retraite. Dans son cas, cette décision n'a pas été clairement délibérée mais elle l'a très vite assumée et plutôt dominée que subie. Elle a fait sa place dans l'institution et s'est intégrée; elle a rapidement délimité son territoire, ses amis, ses relations de table, son emploi du temps quotidien. Ensuite, par à-coups, elle a affronté les inévitables aléas du déclin, les renoncements successifs; le plus important fut ses fractures de hanche et de coude car elle dut alors accepter la chaise roulante et s'adapter à un nouveau mode de vie. Enfin, elle a sans cesse modifié ses points de repère : les autres pensionnaires, les employés avec lesquels elle avait noué des contacts ont sensiblement changé et elle doit supporter une sorte de désertification affective et compenser ce manque par une intériorisation plus grande qui trouve ses sources dans ses richesses intérieures.

L'ÂGE, LE TEMPS ET L'AVENIR

• *(Peu après l'anniversaire de ses cent dix-huit ans.)*
« Quel âge avez-vous, maintenant?

Cent dix-huit.

• *Et au mois de février prochain, vous aurez quel âge?*

Cent dix-neuf.

• *Ça vous fait plaisir?*

Boh! Bien sûr! N'y vient pas qui veut.

• *Mais vous savez que nous avons un pari, tous les deux?*

Lequel?

• *Que vous arriverez à cent vingt ans?*

Oh!

• *Ça vous ferait plaisir d'arriver à cent vingt ans?*

Ben, bien sûr! Parce que j'aurais le temps de profiter des tas de choses à venir, des tas de choses intéressantes.

• *Qu'est-ce qui vous intéresse, maintenant?*

Oh! ben, tout, tout et rien.

• *Donc, vous savez que j'ai un pacte avec vous, d'arriver jusqu'à cent vingt ans?*

Ha! ça, vous me permettez d'en douter!

• *Vous ne croyez pas à la médecine?*

Si, mais la vôtre, je n'y crois pas beaucoup! C'est pour vous rassurer.

• *Vous pensez que c'est pour me rassurer que je dis ça?*

Oui.

• *Vous n'avez pas peur de la mort, alors?*

Oh, qu'est-ce que je fais, en ce moment? J'ai perdu mes parents, j'ai perdu mes enfants. Qu'est-ce que vous voulez? Je vis, quand je ne souffre pas; physiquement, je ne souffre pas, alors je me laisse vivre. Je vis mécaniquement.

• *Vous n'avez pas peur de mourir?*

Non. Maintenant, je le souhaite puisque la vie n'a plus d'intérêt pour moi.

• *Moi, ça me fait plaisir que vous soyez là.*

Le plaisir est partagé. Ça me rassure de vous entendre.

• *C'est gentil, ça, et moi je suis très content de vous voir.*

Ah! vous me verrez pas longtemps en somme.

• *Comment allez-vous, après cette fête?*

Je vais très bien. Très bien, très bien.

• *Est-ce que la fête vous a plu?*

Ben, naturellement. Elle était en mon honneur. J'ai reçu de grands discours et beaucoup de messages! C'est pas le tout mais il faut répondre! Vous vous rendez compte! Plus de trente lettres! Pour ma fête, j'ai reçu des tas de lettres, des tas de lettres, des jolies lettres!

• *Aujourd'hui, vous en avez reçu encore énormément.*

Là, mais, comment? Je sais comment je vais faire! Oui. Oh! mais je suis aidée pourtant. J'ai de bonnes volontés. Oh! oui, j'ai de bonnes volontés.

• *Sur le journal, j'ai vu une de vos photos quand vous étiez plus jeune où vous êtes magnifique!*

Ah! quand on est jeune, on est beau! Mais c'est la beauté de la jeunesse, c'est la marque de la jeunesse. [...]

• *C'est comme ça que vous arriverez à cent vingt ans.*

Ha! ha! Vous parlez. Je suis arrivée dans des conditions : je ne fais rien, j'ai bon appétit, je m'occupe de rien, j'ai de la chance. On dit qu'il y a de la chance pour les canailles! Je dois en être une grosse!

• *Comment ça va?*

Ben, je piétine, je piétine toujours.

• *Ce matin, je suis venu vous interroger... pour savoir si vous avez une bonne mémoire.*

Oh! je la perds! Ah! c'est normal.

• *Quand vous étiez jeune, est-ce que vous aviez une bonne mémoire?*

Ah! oui, assez!

• *Et maintenant?*

Ah! elle fout le camp! C'est normal, c'est normal... Forcément, quand je pense cent quatre-vingts ans, c'est normal! Vous verrez, si vous en avez de la mémoire quand vous en aurez cent quatre-vingts, vous verrez!

• *C'est cent dix-huit ans que vous avez.*

Comment?

• *C'est cent dix-huit ans... Et non pas cent quatre-vingts.*

Qui dit mieux?

• *On voudrait savoir si vous avez fêté vos cent ans?*

Non, ça n'a pas été extraordinaire. Discrètement. On trouvait ça normal. Je me portais bien. Ma santé m'avait beaucoup aidée. Mon organisme m'a beaucoup aidée. Il tient encore.

• *Avant d'avoir cent ans, est-ce que vous y pensiez?*

Non. Mais je sais vivre. Je vivais, je profitais de la vie.

• *Quand vous aviez cent ans, est-ce que vous vous en rappelez bien, réfléchissez?*

Bien, à peu près, il y a eu ces enfants à la salle des fêtes. On a chanté, comme une fête. Tout ce qui est fête, on chante.

• *Et quand vous avez eu cent ans, est-ce que vous vous rappelez cet anniversaire? À cent ans?*

Ben diable, à cent ans! Les copains, la famille, ont envoyé des fleurs et je suis allée dans la ville les remercier chez eux. En courant! En courant! À cent un ans je courais. [...]

• *Vous vous souvenez bien de quand vous aviez cent ans, alors?*

Oh! là! À cent ans, c'étaient les amis de F. qui m'offraient des fleurs. Ils étaient aux portes de la ville d'Arles, j'allais les remercier chez eux [...]. J'ai une bonne santé et une sacrée volonté. Ah! cette volonté.

• *Et une mémoire qui n'est pas si mal que ça.*

Oui; elle a quelques défauts.

• *Oui.*

Hum! Quand vous serez dix-sept fois centenaire, vous me direz si vous vous souvenez de tout! Vous verrez! Il n'y a pas quelques jours de ça! Il y a cent dix-sept ans tout de même et des journées pareilles. Il faut avoir une mémoire extraordinaire. Ben, je me rappelle plus. D'abord, c'est trop loin ça, rendez-vous compte. Cent dix-sept ans! Oh, quand vous aurez cent dix-sept ans, vous verrez si vous vous rappelez de tout!

• *Vous croyez que je les aurai un jour?*

Ah! Eh! Pourquoi pas vous! Pourquoi moi et pas vous?

• *Parce que je ne suis pas fabriqué comme vous.*

Ah! que vous le dites. Vous êtes solide. [...]

• *À quoi pensiez-vous?*

À l'avenir, je pense à ma fin proche. »

• *(Peu après l'anniversaire des cent dix-neuf ans.)*

« Vous vous rappelez?

Je sais plus. J'ai vu tant de choses... Oui, voilà, j'ai vu beaucoup de choses. Vous vous rendez compte, docteur : cent dix-neuf ans! cent dix-neuf ans, les paris sont ouverts... Je peux vous dire que j'ai vécu une belle vie. Et pas une vie comme tout le monde, une vie masculine.

• *Vous rappelez-vous les journalistes qui sont venus avec un hélicoptère?*

Il n'y a pas longtemps. J'ai été photographiée avec un monsieur qui venait d'avoir cent dix ans. Vous l'avez pas vu? Vous avez dû le voir.

• *J'attends que ce journal paraisse.*

Vous l'avez pas vu?

• *Non.*

Ah! vous vous rendez compte? Il y avait ma photo à côté du monsieur qui avait cent dix ans. On m'a sortie pour me photographier sur le lac. On m'a photographiée avec le centenaire. Oh! ç'a été vite fait. Il faisait froid, on n'est pas restés longtemps. Eh bien, naturellement, ma jambe me faisait assez mal pour ne pas rester debout.

• *On vous a assise dans une calèche?*

Non, en chariot.

• *Mais pourquoi vous a-t-on mise dans un chariot?*

Ben, je sais pas. Faut pas me demander trop quand on n'y voit pas; je ne me suis pas rendu compte. »

• *(Plus tard, très mauvais jour.)*

« *Ça va?*

C'est ma mémoire qui dort. Et il s'est tellement passé de choses dans ma vie qu'un clou chasse l'autre.

• *À quoi pensez-vous, maintenant?*

Comment?

• *Vous pensez à quoi? En ce moment, à quoi pensez-vous?*

J'ai pas compris, j'ai pas compris ce que vous m'avez dit... Je ne comprends pas. Vous avez une petite voix! Pour que je vous entende, il faut : Oh! Oh! *(elle fait une grosse voix)* là, là je vous comprends.

• *Et là vous m'entendez?*

• *(Silence...)*

Comme ça, est-ce que vous m'entendez?

Je vous entends, mais je comprends pas les mots. Ah! je me rappelle plus.

• *Faites un effort pour vous rappeler.*

Je me rappelle pas... C'est trop loin, ça. Il faut pas aller trop loin. [...]

• *Vous savez bien qu'il faut faire travailler votre mémoire.*

Je n'ai plus besoin de ma mémoire. Je n'en ai plus besoin de ma mémoire; je n'ai besoin que de m'en aller.

• *Mais nous, nous en avons besoin. Il faut que vous me racontiez.*

Moi, j'en ai pas besoin.

• *Qu'est-ce qui vous fait rire?*

Tout ce que je viens de vous dire. Il y a des moments où ma mémoire me fait défaut. C'est normal. Quand vous aurez mon âge, vous verrez si votre mémoire ne faiblira pas! Ah! ça vous arrivera! Ah!

• *Mais je ne vivrai pas aussi vieux que vous.*

Comment?

• *Je n'arriverai pas à votre âge, moi.*

Qu'est-ce que vous en savez?

• *Et vous ne vous rappelez pas du tout?*

De quoi? *(Énervée!)*

• *Quand Victor Hugo est mort?*

Ah! non, ça, je me rappelle pas. C'est trop loin ça!

• *Et alors?*
Eh bien oui, je pensais au jour le jour, que j'allais mourir. Ça, je savais que j'allais mourir.
• *Est-ce que vous pensez maintenant à l'an 2000?*
Je n'y pense pas, puisque je vais la quitter, je vais la quitter.
• *Vous savez que vous vous portez bien en ce moment?*
... Ben heu, j'entends. J'ai eu une belle vie, j'ai eu une vie merveilleuse vous savez, une vie merveilleuse.
[...] J'ai besoin de rien, j'ai tout ce qu'il me faut, je n'ai rien à envier, j'ai eu une belle vie, c'est tout ce que je veux dire. Je vis dans mes rêves, dans mes souvenirs, des beaux souvenirs... j'ai une vie noble. [...]
• *Vous pensiez à quoi?*
Ah! au jour le jour, je ne peux pas penser à l'avenir, je n'en ai plus, j'attends de mourir. Je me laissais vivre. J'attendais le photographe. J'attends. Je pense qu'aujourd'hui, il y a à attendre.
• *L'autre jour, vous m'avez dit que quand vous étiez comme ça, vous repassiez les bons moments de votre vie.*
Oui, mais ça fait quelques jours, ça!
• *C'est quoi, les bons moments de votre vie?*
Ben, quand mon père a fait son... mais ça je vous l'ai déjà dit. [...]
• *Et l'avenir, comment le voyez-vous?*
Oh! très bien. J'ai assez vécu, je partirai volontiers.
• *Mais vous avez quand même encore envie de vivre?*
Encore, oui. Mais pas comme avant. Ce que Dieu voudra.
• *Vous êtes fatiguée?*
Ben, la fatigue, c'est pas le mot. Je suis infatigable! Fatiguée, c'est pas le mot!
• *Alors, si vous n'êtes pas fatiguée, nous continuons.*
C'est ma mémoire qui est fatiguée!
• *Qu'est-ce qui vous plaisait?*
Tout m'intéresse, tout m'intéresse. »

Les cent ans de Jeanne Calment sont passés presque inaperçus. À cette époque, on ne fêtait pas les centenaires comme maintenant. Pourtant, elle était déjà bien connue en Arles. Elle courait plus qu'elle ne marchait, elle courait sans cesse quand elle ne se déplaçait pas à bicyclette (jusqu'à cent ans passés). Tout le monde connaissait cette « petite vieille » qui galopait dans toute la ville, qui descendait les marches de l'église Sainte-Trophime comme un gamin. Son pas était vif et leste, autoritaire et décidé, et elle frappait le sol du talon. Elle a toujours eu (bien que personne ne soit là pour en témoigner) des mouvements prestes et agiles. De plus, elle a toujours aimé la marche, les grandes promenades à pied. Lorsqu'elle rentra à la maison de retraite le 10 janvier 1985, quelques jours avant son cent dixième anniversaire, elle était encore ingambe bien qu'ayant déjà de grosses difficultés de vision. Elle se déplaçait prestement pour aller allumer une cigarette dans le bureau des infirmières ou pour rendre une courte visite à quelques voisins (qu'elle qualifiait facilement de vieux). Le maire était communiste et elle n'a jamais aimé ce groupe politique ni ceux qui en faisaient partie; elle appartenait à la bourgeoisie, soucieuse de sa différence sociale. Lorsqu'on la questionne sur l'événement historique le plus marquant à ses yeux, elle répond sans hésitation qu'il s'agit de la révolution russe avec l'exécution du tsar Nicolas II et de la famille impériale. Beaucoup d'autres personnes centenaires partagent ce point de vue.

Tous ses derniers anniversaires ont été notablement fêtés, avec chaque année une cour d'admirateurs et de journalistes sans cesse grandissante. Un épisode très révélateur a été celui des chocolats. Elle avait été pressentie par l'animateur d'une chaîne de télévision, Patrick Sabatier (auquel elle confia perfidement, avec son sens parfait de la provocation, qu'elle connaissait surtout Jacques Martin) pour participer à une émission : la fête des grands-mères, dont elle était, *de facto*, la doyenne et la vedette. Elle était déjà connue pour aimer les chocolats (mais pas les pâtes de fruits). Pour la remercier, il lui proposa de lui envoyer une boîte de chocolats. Consciente de l'impact de son intervention et de l'importance du taux d'audience, elle répliqua que ce n'est pas une boîte qu'elle devrait recevoir mais une tonne! Beau joueur, il lui fit parvenir à la Maison du Lac, par camion frigorifique, huit cents kilos de ces gourmandises grâce au concours d'un grand chocolatier français et de la confrérie de cette profession. Elle prêta à cette occasion le serment l'engageant à en consommer chaque jour : « Plutôt deux fois qu'une », ajouta-t-elle. Elle en garda une bonne quantité, trente kilos dit-on, soit moins de 5 %, que son système digestif fantastique parvint à assimiler dans un temps record sans aucun dommage. Remarquable performance! Elle fit distribuer le reste, en fait la majeure partie, au personnel du Centre hospitalier et, sans doute, aux enfants de quelques écoles. Il est curieux de constater que la plupart des heureux bénéficiaires trouvèrent ce geste tout à fait normal. Combien pensèrent à la remercier, à lui adresser un petit mot (même si, par les soins que le personnel lui a toujours prodigués, elle était elle-même bien redevable)? Chacun de penser que si une pareille manne tombait du ciel, ce n'était dû qu'à son âge! Pourtant beaucoup, à sa place, se seraient contentés de la seule boîte initialement proposée. Ce don magnifique qu'elle obtint, elle le devait, aussi et surtout, à son génie, à son astuce, à son sens des situations, aux défis qu'elle est capable de lancer aux autres (comme à elle-même). Cette capacité à se situer parfaitement dans un contexte, dans un débat, de s'adapter le plus justement à un milieu est une des forces de Mme Calment, en particulier à un âge très élevé. Assez finement, elle situe ses ambitions à un niveau adapté à ses capacités, d'une manière très réaliste. Que de fois peut-on le noter dans les dialogues!

Elle lance encore des défis quand elle parle de son âge, de sa performance, de son record. Atteindre cent vingt ans est devenu un objectif. Mais pourquoi donc cent vingt ans? D'où vient l'idée que la limite théorique de la vie de l'homme est cent vingt années? Pourquoi ce chiffre fatidique que l'homme ne pourrait prétendre dépasser? Fixer la limite théorique de la vie humaine a toujours fasciné l'être humain. Ce chiffre est la durée de vie à laquelle chacun peut légitimement prétendre mais aussi celle que l'on ne peut espérer dépasser. C'est à la fois un but et une limite. À défaut de connaître le chiffre qui est propre à chacun, nous aimerions tous connaître la valeur qui est celle de l'espèce humaine, celle de la condition humaine. Terrible gageure. Selon les approches, elle se situe entre cent et cent vingt ans. Il faut distinguer la longévité moyenne (celle atteinte par le plus grand nombre des individus) et la longévité maximale. Cette longévité maximale peut être pratique (la plus élevée que l'on ait effectivement observée) ou théorique (donnée par différents calculs que l'on verra plus loin).

Sur le plan pratique, la vie la plus longue observée et enregistrée, c'est celle de Jeanne Calment. Chaque jour, elle repousse le chiffre le plus élevé du monde, puisque le Japonais Izumi n'a pas été homologué. Il aurait dépassé l'âge de cent vingt ans (de deux cent trente-sept jours exactement) et décéda le 21 février 1986 (le jour du cent onzième anniversaire de notre doyenne !). Plusieurs spécialistes, dont certains Japonais, se sont penchés sur ce cas mais il a été impossible de le confirmer ; au contraire, il est largement entaché de suspicion. Il est vraisemblable qu'il n'ait atteint que cent six ans. La seule identification possible étant un vague recensement alors qu'Izumi était déjà un petit garçon. Toute la méthodologie appliquée au cas de Jeanne Calment n'a pas pu être utilisée ici car cet homme vivait dans un endroit reculé du Japon où il n'existait pas à l'époque d'état civil digne de ce nom. Encore une fois, le meilleur moyen de battre un record en matière de longévité est de perdre (ou de n'avoir jamais eu) son bulletin de naissance. Bref, oublions-le. En 1991, une nouvelle a paru dans la presse signalant que le doyen des Français venait de s'éteindre à l'âge de cent dix-huit ans ; il s'appelait Teriihaérétei Taaroa et habitait à Raïatéa dans les îles Sous-le-Vent à deux cent vingt kilomètres de Tahiti. Hélas, bien qu'il laissât cinquante-quatre petits-enfants et cent vingt-neuf arrière-petits-enfants, son cas de longévité exceptionnelle ne put pas être retenu, faute de documents.

Sur le plan théorique, se présentent plusieurs hypothèses. Soit la vie humaine a une limite maximale fixe qui ne se modifie pas au cours des temps et elle est identique depuis des centaines de milliers d'années. Dans cette optique, il a existé, depuis toujours, des vieillards particulièrement longévifs qui atteignaient des âges extrêmement élevés, même s'ils étaient très peu nombreux. Certains savants avaient fixé cette borne à cent ans. L'actuelle profusion des centenaires leur donne déjà tort. D'autres chercheurs, plus optimistes, ont poussé la valeur de l'âge maximal un peu plus loin, à cent vingt ans. Toute la question actuelle est de savoir si Jeanne Calment va, une fois de plus, les détromper ou non. Soit la vie humaine a une limite maximale théorique mais elle évolue au cours de l'histoire de l'humanité; elle est mobile et ne cesse de grimper. Jadis très basse, elle serait maintenant aux alentours de cent vingt ans. Cet accroissement serait dû à une modification des facteurs extérieurs (meilleures conditions de vie) ou bien il s'agirait d'une évolution de l'espèce humaine. Enfin, pour d'autres scientifiques, la vie humaine n'a pas de limite théorique mais pour une raison de nombres, de simple loi mathématique, il ne reste qu'un petit nombre de survivants. À tous les âges, sur l'ensemble d'une population, il y aurait un certain pourcentage de survivants. Un groupe de savants refuse toute cette problématique et ces différents points de vue : pour eux, ce n'est pas une bonne question et on ne peut pas appliquer une seule limite à tous les hommes : l'ensemble de l'humanité est trop hétérogène, trop diversifié avec des conditions de vie trop différentes pour que l'on puisse généraliser de la sorte.

Quel que soit le concept adopté et appliqué à cette limite, comment a-t-on calculé celle-ci? Comment les scientifiques ont-ils abouti au chiffre de cent vingt ans? L'idée de la barre, du butoir à l'âge maximal, de l'homme, les a vivement stimulés. En fait, il existe plusieurs approches qui arrivent à un chiffre comparable. La première approche est culturelle, d'une simplicité biblique. L'idée que l'âge absolu de l'homme est limité par un âge maximal, une barrière infranchissable est sans doute aussi vieille que l'écriture et on la retrouve dans de nombreuses civilisations. Dans la Bible, alors que les

Patriarches, les antédiluviens (Adam en tête jusqu'à Noé avec Mathusalem comme champion) pouvaient vivre plusieurs centaines d'années, Dieu décida de mettre un terme plus limité à la durée de vie de l'homme : cent vingt ans. Et Mme Calment serait alors en passe d'égaliser Moïse, le seul qui ait atteint cent vingt ans depuis le déluge!

La deuxième approche est expérimentale et Buffon en fut le précurseur. Au siècle des Lumières, parmi les premiers scientifiques à se pencher sur la longévité, il postula que chaque espèce était caractérisée par une durée de vie fixée et que celle-ci ne variait pas. À une époque où la langue française régnait dans toutes les cours d'Europe, l'incidence de ces travaux fut considérable. Il fut le premier d'une longue liste de naturalistes à étudier le problème.

Un troisième point de vue est probabiliste; c'est celui des statisticiens qui s'apparente au jeu de la roulette. Le fait d'atteindre un âge élevé est indépendant de l'individu mais lié à la taille de la population de référence. Les taux de mortalité aux différents âges amènent à supprimer successivement une fraction de l'ensemble d'une génération. Plus le nombre d'individus au départ est grand, plus on ira loin. Un peu comme si vous receviez un sac de gâteaux et que chaque jour vous en preniez dix. Plus le sac sera garni au départ, plus il durera longtemps et plus le dernier gâteau mangé (par le dieu Chronos) sera vieux et sans doute bien sec. Avec Edouard Gumbel dans l'entre-deux-guerres, il apparaît que pour les statisticiens, il ne peut pas y avoir de durée limitée. Tout est question de probabilités. Plus une population est importante, plus la probabilité d'un survivant à un âge extrême augmente. Ceci le conduisait par exemple à prévoir que le plus grand âge observé en Suède serait de cent six ans en 1950. Il avait prédit (à tort) que cette croissance serait lente et que le record passerait à cent sept ans pour l'an 2050. L'idée est séduisante.

Avec cette même technique, en s'appuyant sur les statistiques cumulées de vingt-six pays aux données démographiques fiables, représentant une population totale de cinq cent soixante-dix-sept millions de personnes, un démographe des Nations unies, Vaïnno Kannisto, a fait un calcul basé sur le nombre de centenaires : la probabilité qu'une femme française atteigne cent dix-sept ans était encore plausible et acceptable. En revanche, il était impossible qu'un Japonais ait atteint cent vingt ans. Selon ce raisonnement, la Chine avec une population de plus d'un milliard d'habitants devrait déjà battre quelques records. Ce n'est pas impossible en théorie, mais personne n'a pu (ou ne peut) le vérifier !

Avec le développement des biomathématiques, les démographes et les biologistes ont proposé de nombreuses lois mathématiques pour décrire les phénomènes observés. Il s'agit de modèles explicatifs qui se traduisent par une équation (ô combien complexe) pour prédire une longévité maximale crédible. On construit cette loi sur la partie fiable des relevés statistiques des populations (entre quarante et quatre-vingt-cinq ans) et on réalise des projections concernant les âges plus élevés, là où il n'y a pas assez de valeurs observées. On s'appuie de la sorte sur les chiffres de mortalité des âges plus jeunes (jusqu'à quatre-vingt-cinq ans par exemple, qui sont en assez grand nombre) pour extrapoler, en prolongeant la courbe au-delà des valeurs relevées et déterminer la fameuse limite. La loi la plus célèbre est celle de Benjamin Gompertz qui a connu de multiples correctifs. En France, le démographe Jean Bourgeois-Pichat a donné à notre pays une audience internationale.

Une autre méthode démographique est le calcul empirique, selon l'observation de ce qui s'est passé avant, se fondant sur l'observation de l'âge des décès, dite méthode des générations éteintes. Cela a apporté également des informations très convaincantes. Grâce aux registres d'état civil et aux déclarations de décès, on reconstitue à rebours (non pas en partant des naissances mais des décès, en partant du plus âgé) toutes les générations qui ont existé jusque-là. Ce calcul conduit à réévaluer régulièrement l'âge théorique maximal. À titre d'exemple, en 1950, Paul Vincent, l'inventeur de la méthode, avait trouvé cent dix ans.

Les biologistes, à la suite des travaux dus au professeur Léonard Hayflick, ont mis, quant à eux, des cellules en culture et ont compté le nombre de leurs réplications à partir de diverses espèces animales. Au bout d'un nombre limité de multiplications, cinquante environ, la culture cesse de proliférer et la longévité de l'espèce peut en être déduite.

De décennie en décennie, depuis le début du siècle, le chiffre théorique doit être sans cesse revu à la hausse; il ne dépassait guère jusqu'alors cent quinze ans. L'extraordinaire accroissement du nombre des centenaires remet totalement ce chiffre en cause. Des chercheurs comme Roy Walford n'hésitent pas à prédire dans un avenir prochain une durée de vie approchant cent cinquante ans! Pour le moment, il devient très difficilement acceptable d'avoir une limite théorique de la vie humaine aussi proche que la limite observée en pratique. Jeanne Calment risque même de mettre en faillite certains calculs : la veille de son cent vingtième anniversaire, la probabilité de décéder prendrait dans son cas la valeur un, donc une certitude; ce qui est inacceptable. Dans un premier temps, il devient urgent de repousser la valeur théorique à un minimum de cent vingt-cinq ans.

Quoi qu'il en soit, Mme Calment représente actuellement le terme le plus poussé, la forme la plus accomplie de longévité humaine en matière de chiffres. Chaque jour supplémentaire qu'elle vit, elle augmente d'un jour la durée maximale observée de l'espèce humaine. Et là, elle dérange tout le monde! Plusieurs colloques internationaux lui ont déjà été consacrés. Le fait d'avoir confirmé et validé son âge oblige tous les spécialistes de ce domaine à le (et à la) prendre en considération. Toutes les courbes, toutes les équations, tous les calculs doivent être sans cesse revus en fonction d'elle! Sur tous les graphiques, elle est maintenant le point ultime que chacun doit porter. Quelle charge, mais aussi, quel espoir!

BULLETIN DE SANTÉ, AUTOMNE 1994

Il est bon de rappeler que, même s'il s'agit de la dame la plus âgée du monde, les médecins ne sont pas autorisés pour autant à faire état de son dossier médical; elle a droit au secret médical comme tout un chacun et elle seule peut faire état des informations que bon lui semble. Mais quelques renseignements peuvent néanmoins être déduits à partir des documents publics. Depuis quelques années, son état de santé, physique et mental, a décliné. Elle se serait enfin décidée à vieillir, comme elle le reconnaît elle-même, mais le plus lentement possible. Lorsque l'on consulte les enregistrements des chaînes de télévision, ses interviews, voilà qui est évident. Le traumatisme provoqué par sa chute et les deux fractures de 1990 (à l'âge de cent quinze ans), l'intervention qui a suivi (bien qu'elle fût pratiquée avec une anesthésie locale) et surtout la limitation qui en résulte (elle ne peut plus marcher depuis lors, se déplaçant en chaise roulante) ont altéré sa vivacité et son entrain. Heureusement, ses réserves sont telles qu'il lui en reste à revendre. En 1993, une grippe épidémique la fit régresser quelque peu. Lors de cet épisode, elle déclina fortement, perdit ses repères, devint éteinte et presque déprimée (ce qui est vraiment rare chez elle); chacun craignait ou acceptait sa fin prochaine, sauf elle. De manière inespérée, comme par miracle, elle s'en remit, reprit des forces, retrouva son dynamisme, surprenant tout le monde, à commencer par nous-mêmes. Et, de nouveau, Jeanne Calment se défend pied à pied contre « des ans l'irréparable outrage ».

Les difficultés sensorielles sont de loin le handicap le plus limitatif : une cataracte (opacification du cristallin) bilatérale, maintenant très prononcée, l'a rendue quasiment aveugle. Elle a refusé de se faire opérer malgré les sollicitations répétitives de plusieurs membres de son entourage. C'est pourtant une intervention très bien maîtrisée, avec des chances de succès élevées de nos jours, que l'on effectue en deux temps : un œil, puis l'autre quelques semaines plus tard. Pourquoi un tel refus? Elle aurait dit : « On sait ce qu'on a, on ne sait pas ce qu'on aura. » Il est peu probable qu'elle ait redouté une intervention, elle n'a jamais eu peur; peut-être ne voulait-elle pas, comme à l'habitude, qu'on l'aide? Il est possible qu'en raison de son âge, son entourage ait été trop pusillanime, un excès de précautions pour proposer l'intervention : il aurait fallu lui garantir un succès total mais nul ne pouvait (ou ne peut) savoir si, derrière les cristallins opaques de ses deux yeux, interdisant aux ophtalmologues de faire un examen, les rétines étaient toujours fonctionnelles, qu'il n'existait pas une dégénérescence maculaire (il s'agit d'une maladie liée au vieillissement qui atteint la zone centrale de la rétine, celle qui assure la majeure partie de notre vision). Il peut y avoir une autre explication : une certaine forme de sagesse. En choisissant de ne plus voir, elle a pu éviter de voir son image se flétrir. Assez curieusement, le début de cette cataracte remonterait à sa jeunesse où elle signale un épisode majeur de conjonctivite.

Quand un visiteur vient la prendre en photo, l'apparence de cécité disparaît un instant : elle se redresse, elle tend la tête, elle dirige les yeux vers l'objectif, en relevant les paupières et les sourcils, le tout avec un sourire impeccable : une star, un modèle professionnel, ne le ferait pas avec un naturel plus parfait.

Par ailleurs, son audition est mauvaise mais, en fait, variable ou volatile : entendons par là (c'est le cas de le dire) que selon les moments, selon les jours, en fonction des sujets de la conversation, de l'estime qu'elle porte à son interlocuteur, elle entend ou elle perçoit les sons et leur signification de manière très différente. Elle a longtemps pratiqué le baladeur et elle a eu quelque temps un amplificateur mais, là encore, elle refuse l'aide que cela pourrait apporter. Bien des gens, qui sont restés sourds quelque temps, ont une certaine peine à s'adapter à ce type de prothèse : ils ont perdu l'habitude de différencier les sons, ce qui résultait d'un long apprentissage et d'une pratique ininterrompue. Tous les bruits leur parviennent avec la même intensité et ils – ou leur cerveau – ne savent plus faire la différence entre les sons utiles et ceux qui font partie du fond sonore. La conversation est couverte, brouillée par le reste, mélangée aux bruits parasites que normalement nous négligeons, ne filtrant que l'essentiel. C'est ce qu'on appelle le « cocktail syndrome » dont chacun a pu faire ou fera la triste expérience : au milieu du brouhaha d'une réception, du tintement des verres, des cris des enfants, nous ne pouvons plus comprendre les propos de l'interlocuteur qui est juste en face de nous.

Elle avait déjà eu vers sa centième année une fracture de jambe et elle fut à l'époque remarquée par le personnel soignant pour sa récupération remarquable. À peine déplâtrée, elle se remit à marcher très vite alors que la plupart de nos congénères, dans la même situation, même jeunes (et plus encore quand ils ont pris de l'âge), ont besoin d'une rééducation souvent assurée par un kinésithérapeute, plus ou moins longue. Tel ne fut pas son cas. De plus, après une chute, les personnes âgées ont peur de retomber. Jeanne Calment l'a déjà dit : elle n'a peur de rien. Alors que beaucoup d'autres, du fait d'une chute, limitent les risques, diminuent leur activité, restreignent leur mobilité, notre héroïne n'a pas eu (ou fort peu) cette sorte d'inhibition. Et c'est bien comme ça que se comportent les jeunes, les enfants : ils tombent, ils s'écorchent, ils pleurent, ils oublient, ils cicatrisent puis, ils repartent de plus belle. Et tant qu'elle s'est déplacée facilement, Jeanne Calment accumula les chutes, sans gravité, car il est probable que lorsque quelqu'un n'a pas peur de tomber, il tombe mieux; il se fait moins mal. Ce fut son cas. Même dans les couloirs de la maison de retraite, lorsqu'elle se déplaçait à tâtons, elle prenait de sacrées bûches.

Jeanne Calment est une dure à cuire. Elle a toujours bien cicatrisé, tant sur le plan physique que moral. Sa peau s'est toujours réparée facilement, rapidement, même. Les chirurgiens savent fort bien que la vitesse de cicatrisation est très variable d'un sujet à l'autre, même à âge égal. La capacité des cellules à effectuer la réparation des tissus diminue avec l'âge. Une plaie qui cicatrise vite, qui se referme rapidement est un signe de jeunesse indéniable : Mme Calment bénéficie de cet avantage. D'ailleurs, au vu des photos, elle a longtemps eu une peau très lisse, ce qui suppose une peau souple et élastique, ce qui explique qu'elle garda jusque naguère un visage sans rides. Elle est arrivée au centre hospitalier en hiver avec des sortes de gelures et de brûlures aux jambes, car l'hiver, cette année-là en Arles, était très rude. Les canalisations d'eau avaient même gelé car elle ne chauffait pas sa maison. Elle s'approcha de manière trop vive et trop rapide d'un feu, d'un chauffage d'appoint, ce qui provoqua ses blessures. Là encore, ses plaies cicatrisèrent à une vitesse tout à fait étonnante.

Elle a toujours été résistante au froid comme au chaud, ce qui dénote une remarquable régulation thermique et une parfaite adaptation aux écarts de température. Ses visiteurs étaient surpris de la trouver l'hiver les bras nus et sans bas. L'été, en pleine chaleur, sa chambre est exposée plein sud, elle ne semblait jamais souffrir des périodes de canicule (et bien sûr ne s'en plaignait pas). Elle n'aimait d'ailleurs pas la climatisation.

Contrairement à l'ouïe et à la vue, le toucher reste très bon. Son contrôle des mains (qui implique aussi bien la perception de ce qu'elle manipule que la commande de ses muscles) est excellent. Actuellement, elle se sert surtout de ses mains pour communiquer avec le monde extérieur, pour se relier avec son environnement, pour serrer d'autres mains, pour découvrir, en identifiant prestement les formes des objets, les cadeaux qu'on lui fait (essayez, les yeux fermés, vous verrez que ce n'est pas facile). Rappelons que pour Mme Calment, les mains ont toujours beaucoup d'importance : il faut des mains propres et bien soignées. Pour elle, c'est à ses mains qu'on reconnaît quelqu'un.

Elle a une insuffisance cardiaque modérée, avec une toux chronique sans doute due à son usage passé du tabac. Longtemps, elle a souffert de crises de rhumatismes. Il est classique de dire que les rhumatismes sont un gage de longue vie. Ce serait bien une lapalissade. En fait, seuls les gens qui vivent assez vieux (de plus en plus nombreux d'ailleurs), souffrent fréquemment de rhumatismes. C'est une maladie dégénérative (c'est-à-dire due à l'usure) des articulations avec des crises inflammatoires de temps à autre. C'était le cas de Mme Calment : elle acceptait le traitement proposé par son médecin... mais sitôt la crise passée, elle refusait les médicaments : « C'est terminé, mon médecin, c'est moi. Qui le sent, le décide ! » Et elle arrêtait le traitement. Jadis, elle dit avoir souffert de migraines.

Son appétit est toujours bon. Elle a toujours eu un estomac d'autruche (comme elle l'a souvent dit elle-même). Son sommeil est bon, et, élément trivial, mais d'importance, elle n'a aucun problème d'incontinence urinaire. Il va sans dire qu'elle n'est pas grabataire mais elle ne quitte plus guère son fauteuil, dans le coin de sa chambre, au bord de la fenêtre.

Actuellement, elle mesure cent quarante-trois centimètres et elle confirme qu'elle a toujours été petite; elle pèse quarante kilos mais elle a considérablement maigri ces dernières années. Elle est droitière. Ses yeux sont gris clair et ses cheveux étaient brun châtain.

Elle pouvait naguère faire quelques pas avec un déambulateur (une sorte de petite rampe à roulette que l'on pousse devant soi et sur laquelle on peut s'appuyer). Physiquement, elle se replie sur elle-même. Elle visionne tranquillement dans son fauteuil les bons moments de son existence.

Elle ne se fait guère d'illusions sur sa fragilité actuelle et la diminution de ses facultés, même si elle ne se plaint pas et si elle ne fait pas état spontanément de ses maux (même auprès de son médecin). Ce n'est pas la période la plus gaie de sa vie mais ce n'est pas triste pour autant. Elle reconnaît avoir aujourd'hui et avoir eu autrefois plus de bon temps que la moyenne des gens. Elle se trouve aussi heureuse que lorsqu'elle était plus jeune mais de manière différente, et c'est là une des grandes forces de Jeanne Calment. D'autres, dans cette même situation, se plaindraient sur leur sort qui, objectivement (si faire se peut), n'est pas le plus enviable que l'on puisse imaginer. Lorsqu'elle regarde son passé, elle s'estime satisfaite. Elle n'a pas (ou très rarement) le cafard; elle n'a aucune tendance dépressive. Face aux problèmes ou contrariétés de la vie, son attitude est d'abord celle de faire face, de lutter, de combattre. L'ensemble se traduit par une propension naturelle au bonheur, au plaisir de vivre.

ET ALORS?... ET APRÈS?
... EN GUISE DE CONCLUSION

« Par ton audace
tu prolonges notre vie,
tu nous lies chaque jour
un peu plus
à cet univers sans défaut
où notre espoir
ignore les mirages. »

Paul Éluard.
Le Livre ouvert,
Dédicace à Pablo Picasso.

Finalement, que nous importe que Jeanne Calment ait cent vingt ans ou pas? Bon, cela montre que c'est possible, et après? À quoi tout cela peut-il nous servir? En quoi cela nous concerne-t-il? Qu'est-ce que cela change pour nous-mêmes ou pour nos enfants? C'est un peu la question que se posent tous les concitoyens de cette brave dame qui voient, année après année, ce monument chronologique accumuler les anniversaires records; Jeanne Calment a fêté ses cent dix-neuf ans! La belle affaire. Quoi de plus à dire? N'est pas Jeanne Calment qui veut! Elle-même a lancé le défi : « Qui dit mieux? » Elle est incomparable; en voyant des photos d'elle prises à l'automne 1993, nous eûmes cette remarque : « Elle ne fait pas son âge! » Devant d'autres photos, prises un an plus tard, le commentaire fut exactement l'inverse : « Elle fait bien son âge! » Quels éléments de comparaison, quelles références était-il possible d'avoir pour émettre pareils commentaires? Aucun, bien sûr.

En adoptant le caractère de Jeanne Calment, si tant est que l'on puisse le faire, ou à défaut en imitant son style de vie, il doit être possible de gagner quelques années; mais l'essentiel n'est pas là et point n'est besoin de forcer son talent. La réponse est simple : Jeanne Calment préfigure la femme de demain. De nombreux centenaires interrogés en 1990 donnaient le travail comme recette de leur longévité. « Je n'ai jamais arrêté de travailler », « J'ai toujours travaillé », « Une vie de travail, de labeur » : tels étaient les témoignages qu'on pouvait alors recueillir. Ils signifiaient par là leur appartenance à une génération où le travail était plus lourd, plus dur, plus présent, plus nécessaire qu'aujourd'hui; ce qui ne les a pas empêchés de passer le cap des cent ans. Jeanne Calment prouve l'inverse ou plutôt pousse le paradoxe plus loin jusqu'à la normalité extrême : elle n'a que peu ou pas travaillé! Elle a eu une vie aisée, facile, heureuse (apparemment au début, du moins). Elle a pratiqué des sports, elle était servie, la détente était quotidienne, elle faisait des voyages, elle cultivait les arts à une époque où tout cela était peu fréquent (*a fortiori* pour une femme). Elle était, ou elle est toujours, en avance sur son temps. Nombreuses sont maintenant les femmes, et les hommes, qui ont vécu leurs cinquante premières années comme elle a vécu les siennes. Ils ont eu une vie plus facile, ils ont moins travaillé, ils se sont intéressés à tout (et à rien), ils ont eu le souci de se garder en forme. Les quinquagénaires ou septuagénaires de la fin du XXe siècle ressemblent sans doute à ce qu'était Mme Calment au même âge et il y a fort à parier qu'elles, ou ils, iront loin. Il suffit pour s'en convaincre de comparer des images, des portraits, des grands-mères avant la Grande Guerre, entre les deux guerres mondiales et maintenant : à âge égal, elles ont rajeuni comme leurs compagnons; ils sont plus jeunes, plus alertes, plus beaux qu'auparavant. Nous n'avons même plus honte de notre âge ou du leur, ce qui était si courant naguère. La carte Vermeil est devenue un signe de noblesse, de respect, et même, paradoxe, de jeunesse (d'esprit en tout cas), *a minima*, de liberté. Les différences d'espérance de vie que l'on observe dans la population française sont d'abord le fait de la condition sociale (plus forte, plus marquante encore que les différences entre les sexes) : moins on est riche, moins on vit longtemps. Heureusement, le niveau de vie a considérablement augmenté, entraînant avec lui le gain de vie. La plupart des « plus de cinquante ans », les seniors, ont travaillé, mais moins que leurs parents. La relève est assurée, même si la vice-doyenne de notre pays, aux environs de cent treize ans, n'arrive pas encore à la cheville de notre héroïne laquelle, il est vrai, a mis la barre très haut. Un chiffre est remarquable : des projections très récentes faites à partir des chiffres démographiques de l'INSEE donnent cent cinquante mille centenaires pour l'an 2050 en France. À cette date les centenaires seront légion, les « cent dix » ans nombreux et les « cent vingt » ne seront pas exceptionnels. Tout permet de penser que nous aurons une nouvelle Jeanne Calment, un nouveau phénomène, une nouvelle championne qui avoisinera les cent trente, voire les cent quarante ans.

À qui la faute? Pourquoi le malheur s'acharne de la sorte sur nos congénères pour les faire vivre plus longtemps (et mieux)? Nul ne le sait vraiment. Pêle-mêle, on peut citer la médecine, la chirurgie, l'anesthésie, les vaccinations, les médicaments, même si on les décrie souvent, mais aussi le chauffage central, la qualité et la quantité de la nourriture, le réfrigérateur et le congélateur, l'adduction d'eau traitée, les retraites pour (presque) tous et surtout le style de vie, une exigence marquée pour une meilleure qualité de vie. Ce retrait, cette distanciation par rapport au travail a été pour beaucoup dans l'évolution galopante de la longévité. Voilà qui n'apparaît pas comme très moral ou éducatif. Il semblerait que les deux autres piliers de l'esprit républicain, la Famille et la Patrie, subissent un effritement similaire. Les termes de mutation ou d'évolution des concepts sembleraient plus de mise tant le recours à la famille réduite, dite nucléaire, et le besoin d'appartenance à un groupe se font encore, ou de nouveau, sentir (comme nous le montrent si clairement les adolescents d'aujourd'hui). D'ailleurs, donner une définition du travail serait bien difficile : c'est ce qui coûte, à l'une ou l'autre des parties entre lesquelles le travail est une transaction. Et le travail coûte moins, moins qu'avant. L'homme se tourne vers un travail mieux perçu, mieux accepté, plus valorisant, plus intéressant.

Pourtant, avant d'accéder à ce privilège de longue vie, il a fallu (ou il faut) que l'homme survive, qu'il mange à sa faim (et pas plus), qu'il ait un accès aux soins inconditionnel (même si l'on est vieux et, à priori, moins ou pas rentable). Que souhaite-t-on, dans tous les pays du monde, au petit homme qui vient de naître ou au futur vieillard qui arrose sa retraite professionnelle? Santé, prospérité, longévité. Voici la triade essentielle du bonheur pour l'être humain. La santé, physique d'abord et mentale ensuite (la première présuppose la seconde) est l'élément essentiel. Jeanne Calment a pu profiter, à certaines phases critiques de sa vie, d'un système de soins de plus en plus performant (même si elle avait par ailleurs une solide constitution). Et cet accès aux soins est devenu accessible au plus grand nombre, si ce n'est à tous. Sans doute les femmes y ont-elles recours plus souvent, plus facilement ou plus simplement que les hommes, ce qui expliquerait en partie pourquoi elles ont 10 % de vie en plus. La prospérité ensuite : notre égérie « avait du bien » (et il lui en reste un peu), ce qui l'a aidée toute sa vie durant. C'est bien le cas de nombreuses personnes âgées actuellement, sous nos climats du moins. La pauvreté ne vaut rien (sauf si elle est choisie et assumée comme une vertu pour trouver le sens de la vie). Enfin, dernier souhait de bonheur : la longévité. De ce côté, rien à faire, rien de spécial en tout cas. Les chiffres sont là. L'espérance de vie ne cesse de s'accroître, à la grande surprise de tous, à commencer par les spécialistes de la question! L'espérance de vie est restée longtemps basse en raison de la mortalité infantile très élevée; cette dernière a atteint des taux très bas, presque incompressibles. Les années gagnées sont maintenant prises sur la fin de la vie. Un demi-siècle auparavant, il n'y avait pas une femme sur deux qui dépassait soixante ans. Elles sont maintenant neuf sur dix à accomplir cet exploit. Et ces années gagnées sont en majorité des années en bonne santé. C'est un acquis inattendu, considérable, et vous êtes condamné pour la plupart d'entre vous, non pas à la perpétuité, mais en tout cas à une longue vie.

Voilà pourquoi, quitte à être cocardier, nous dirons que ça se passe en France, ici, où l'espérance de vie, des femmes du moins, est presque la plus élevée au monde : l'alimentation diversifiée et appétissante (même si tout le monde n'utilise pas l'huile d'olive!), une consommation modérée de vin (rouge), un système de soins médicaux et de protection sociale efficaces et accessibles à tous (même s'il paraît coûteux), une douceur de vivre... bref, ne seraient-ce pas là les ingrédients d'une vie longue et heureuse?

Dans ces conditions obligées, préserver son autonomie est essentiel, dans le sens premier du mot : édicter sa propre loi, faire son propre choix et même si l'on est aidé, rester maître de sa personne. Et c'est ce que fait, même dans sa cent vingtième année, Jeanne Calment, avec ses moyens et avec ses limites; elle régit encore sa vie. Pied à pied, elle s'est toujours battue pour défendre son libre arbitre, même si c'était souvent avec un soupçon d'égoïsme. Elle a eu de la chance, au soir de sa vie, de trouver la célébrité. Une sorte d'utilité publique, de reconnaissance collective lui a donné une raison de vivre, là où tant d'autres sont oubliés, sans but; quelle stimulation cela a dû lui apporter, un peu comme un sportif encouragé par les bravos des spectateurs du stade. Toute la série d'entretiens dont ce livre est l'aboutissement lui a donné pareillement une raison de tenir bon. Sans ces encouragements, peut-être aurait-elle baissé les bras depuis longtemps. Mais tous les autres, les sans-grade et les moins de cent ans que l'on abandonne, ignorés du présent, restent laissés pour compte et meurent d'oubli. Comment leur montrer un peu d'intérêt?

À tout âge, un appétit de la vie est essentiel. Quand on a les moyens physiques et matériels (tout aussi limités qu'ils soient), il faut avoir l'envie de continuer. Pourtant, la ligne entre l'assistance et la résistance est étroite. Trop assisté, vous perdrez vos capacités et le jour venu, vous ne serez plus capable de vous défendre; pas assez, vous risquerez fort, surtout en devenant un peu fragile, qu'un coup de vent un peu plus violent que les autres ne vous balaye brusquement. La vie est comparable à une falaise qui avance dans la mer, en devenant de plus en plus étroite et l'homme avance sur cette falaise. Une rafale vous fait faire, jeune, un écart minime sur un chemin large et vous restez sur la falaise. Plus vieux, moins assuré sur vos jambes, vous ferez, avec le même coup de vent, un écart plus grand, sur un sentier plus étroit, et vous risquez alors de tomber à la mer.

L'acceptation de la vie importe tout autant : l'humour, sur les autres et sur elle, est une composante manifeste du caractère de Jeanne Calment. Ajoutons un certain épicurisme, voire hédonisme, pour profiter de ce qu'elle a et ne jamais se plaindre; le fait de vivre dans l'instant, de ne rien regretter, le *carpe diem* des humanistes de la Renaissance. Une forte faculté d'oubli, d'oubli volontaire et organisé, conscient ou non, pour ce qui est triste et désagréable; un grand penchant pour ne retenir et ne revoir que les bons moments du passé.

La vie est comme une partie de bridge ou de tarot. Vous avez la donne, à savoir le patrimoine chromosomique que vos parents vous ont donné à la naissance. Faute de pouvoir changer de géniteurs, il faut s'en contenter. Il n'y a pas de deuxième donne, jusqu'à ce que la thérapie génique fasse quelques progrès et passe dans les mœurs (*morales* en latin, ce qui est aussi la morale). Il est probable que ce domaine explosif des sciences biologiques arrivera bientôt à corriger, simplement et raisonnablement, les erreurs de programmation de la Nature, les maldonnes, ce qu'on appelle, avec une connotation très négative, hélas, les « manipulations » génétiques comme s'il s'agissait, à tout coup, de contrefaçons. Jeanne Calment pourrait être un mutant, c'est-à-dire quelqu'un qui, lors de sa conception, a eu une erreur dans son stock chromosomique, erreur qui, dans son cas, lui aurait valu une très longue vie. C'est ce genre de mutations qui font évoluer les espèces : la nouvelle forme, si elle est plus adaptée et plus résistante que la forme normale, parvient peu à peu à supplanter cette dernière. Dans le cas de Mme Calment, si mutation il y a eu, la transmission ne se serait pas faite car sa descendance s'est éteinte. Si Mme Calment continuait son chemin encore quelques années, il faudrait commencer à se poser sérieusement la question. Pour l'instant, nous pensons qu'elle est un précurseur.

Après la donne, viennent l'annonce puis le jeu de la carte. L'annonce, ce sont les prétentions de chacun, sa stratégie de vie en fonction de ses capacités. En mesurant un mètre cinquante, comme Jeanne Calment, prétendre devenir champion de basket-ball serait un défi bien difficile à relever et celui qui aurait de telles ambitions s'exposerait à de sérieux déboires et déceptions. Même s'il n'y a rien de plus commun et partagé que de vouloir être différent des autres, en matière de longévité à l'inverse, chacun imagine que la recette est unique, universelle et s'applique pareillement à tous; il n'en est rien, ce ne sont que des cas particuliers et chaque individu doit trouver sa recette propre. À chacun son chemin, sa trajectoire. Et puis, enfin, il y a le jeu de la carte, celui qu'on doit adapter à chaque moment en fonction des imprévus, des réactions des autres joueurs. Sans le savoir, et encore, Jeanne Calment a joué une partie admirable. Malgré une vie aisée, elle a eu sa dose d'épreuves, de deuils, de renoncements, un peu plus que les autres puisque la partie a duré beaucoup plus longtemps. Chaque fois, elle a réagi. Elle s'est adaptée. Ajoutez à cela une certaine dose de confiance en soi et d'acceptation de l'avenir : savoir vieillir, lentement, le plus tard possible et bien.

Et le dernier mot sera à Jeanne Calment :

« Ça m'amuse... ça m'a amusée. »

ANNEXES

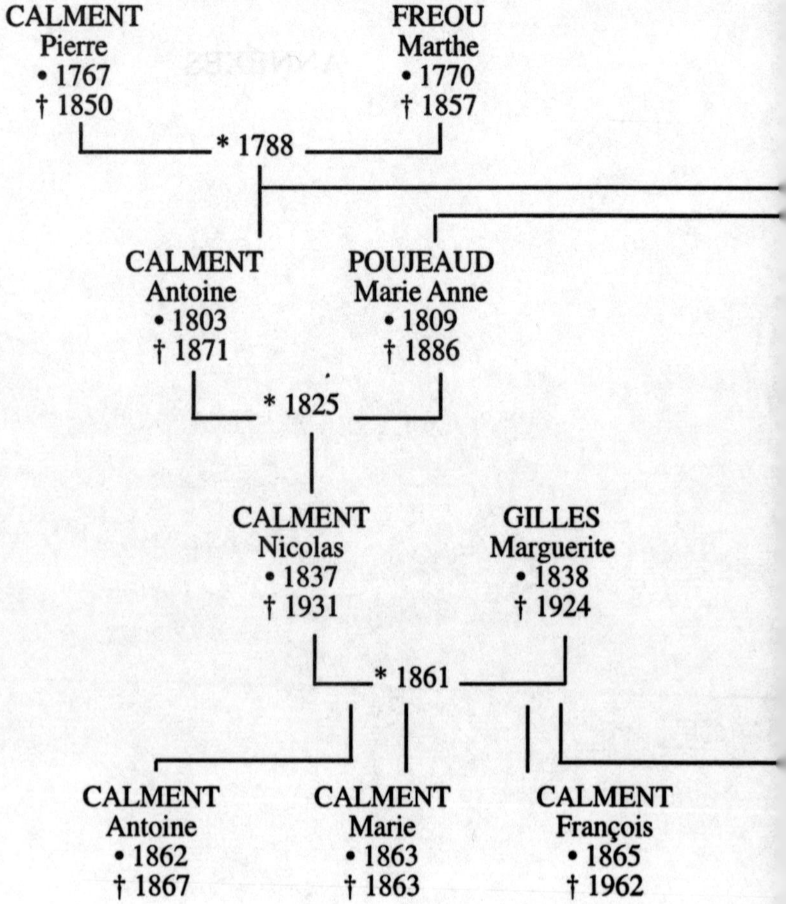

Arbre généalogique partiel établi par C. Boyer avec le concours des Archives de la ville de Arles.
*Légende : • = naissance. † = décès. * = mariage.*

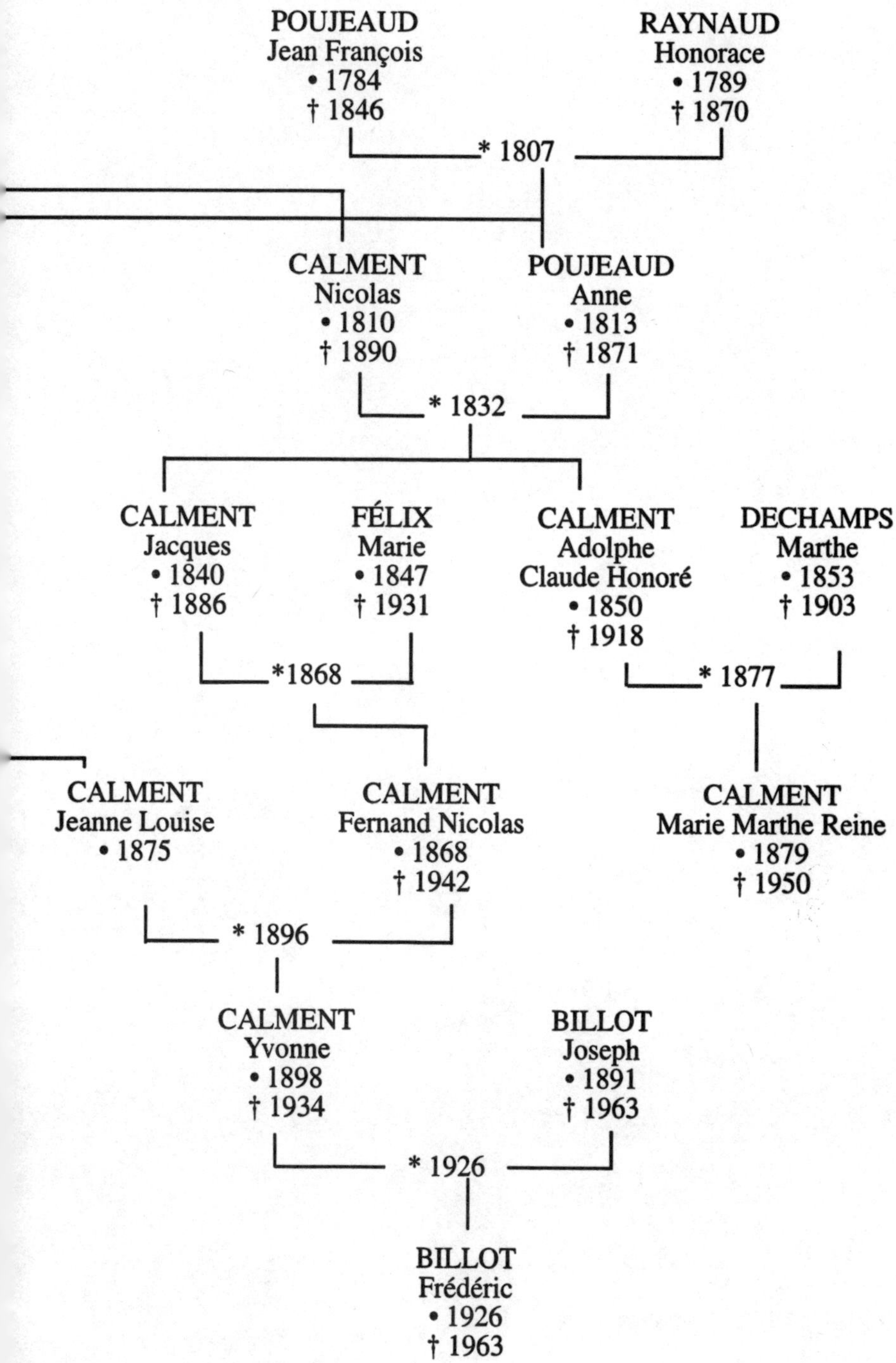
POUJEAUD
Jean François
• 1784
† 1846
RAYNAUD
Honorace
• 1789
† 1870
* 1807
CALMENT
Nicolas
• 1810
† 1890
POUJEAUD
Anne
• 1813
† 1871
* 1832
CALMENT
Jacques
• 1840
† 1886
FÉLIX
Marie
• 1847
† 1931
CALMENT
Adolphe
Claude Honoré
• 1850
† 1918
DECHAMPS
Marthe
• 1853
† 1903
*1868
* 1877
CALMENT
Jeanne Louise
• 1875
CALMENT
Fernand Nicolas
• 1868
† 1942
CALMENT
Marie Marthe Reine
• 1879
† 1950
* 1896
CALMENT
Yvonne
• 1898
† 1934
BILLOT
Joseph
• 1891
† 1963
* 1926
BILLOT
Frédéric
• 1926
† 1963

BOUTADES, APHORISMES ET REPARTIES

Jeanne Calment est connue depuis longtemps pour son esprit de repartie et pour son sens de l'humour. Le lecteur trouvera ici quelques citations montrant qu'elle use à loisir de cynisme et de provocation. Elle a aussi un avis tranché, précis, affirmé sur chaque chose, voire sur chaque personne. Toutes ces citations ne viennent pas directement des entretiens réalisés par les auteurs mais bon nombre ont été repris à partir des archives de la presse.

• Ça m'a amusé, ça m'amuse.
(C'est sûrement le maître-mot de Jeanne Calment, celui qui revient le plus souvent. Voilà qui pourrait paraître badin mais qui en fait révèle toute une acceptation de la vie, une sorte de propension naturelle au bonheur.)

• Parlez fort dans mon oreille droite, je suis complètement sourdingue, la rançon du temps... on ne peut pas tout avoir.

• Je suis le chouchou du bon Dieu!

• *Au notaire avec lequel elle a conclu un viager :*
Excusez-moi si je m'obstine à vivre mais mes parents n'ont pas fait de la camelote.

• *«Avec quoi vous avez fait la vaisselle, Madame?» (Un enfant des écoles venu lui rendre visite avec sa classe.)*
Avec de la salive, petit; je n'avais qu'à commander.
(Elle n'aura pas le premier prix de socialisme. De toute façon, elle n'aime pas les communistes!)

• Je n'ai jamais été très jolie, ni vilaine d'ailleurs et je m'arrange plutôt en vieillissant.

• Gardez toujours le sourire. C'est à lui que j'attribue ma longue vie. Je crois que je mourrai en riant. Ça fait partie de mon programme.

• Je vois mal, j'entends mal, je touche mal mais tout va bien.

• *Au chirurgien qui, après l'intervention pour ses deux fractures, à l'âge de cent quinze ans, lui annonçait qu'elle serait immobilisée quelque temps :*
Mais, je patienterai; j'ai tout mon temps.

• J'ai perdu mon mari, ma fille, mon petit-fils, je ne vois plus, j'entends à peine mais je ne souffre pas, alors je ne me plains pas.

• Toute ma vie, j'ai soigné ma peau avec de l'huile d'olive et juste un petit nuage de poudre pour terminer. Je ne pouvais pas mettre de Rimmel : je riais trop souvent aux larmes.

• *Alors qu'elle s'étonne elle-même de battre chaque fois un nouveau record :*
Qui dit mieux?

• *À propos du docteur Jean-Pierre Camoin, député maire qui arrivait légèrement en retard à un de ses anniversaires :*
Le maire est comme les jolies femmes, il se fait désirer.

• *Mme Calment ne voulait pas recevoir M. Chirac, alors Premier ministre, dans sa chambre, mais debout dans le hall de la Maison du Lac; finalement le maire d'Arles lui présenta M. Chirac; elle répondit :*
Bonjour, Monsieur le Maire.
Et le maire d'Arles de dire : « Mais le maire, c'est moi ! »; et Mme Calment de répondre :
Mais il est maire de Paris, que je sache!

• L'âge, c'est l'âge et, pour cent dix-sept ans, il faut beaucoup de bougies.
(Car son gâteau d'anniversaire des cent dix-sept ans n'en comportait que trois, deux bougies en forme de un et une en forme de sept.)

• Je n'ai jamais eu qu'une ride et je suis assise dessus.

• L'esprit ne fait pas les belles filles.

• Je vous invite à danser le jour de vos cent ans.

• *Aux journalistes présents à son cent dix-septième anniversaire :*
On fera la fête l'an prochain.

• *À propos de son cent quinzième anniversaire, car elle était immobilisée au lit en raison de ses fractures de la hanche et du coude survenues un mois auparavant :*
Je me repasse les bons moments de ma vie; je ne m'ennuie jamais.

• Chaque époque a son bonheur et ses ennuis.

• *En parlant de chocolats qu'un visiteur venait de lui offrir :*
Ceux-là, ils ne deviendront pas centenaires!

• Le Docteur m'a offert du porto, mais il est tout à fait courant; il n'est sûrement pas millésimé!

• *À une question qui commençait par : « De votre temps... » :*
Mais aujourd'hui, c'est toujours de mon temps.

• Je me suis intéressée à tout mais passionnée pour rien.

• *« Vous vous souvenez de Picasso? »*
Oui, ce n'est pas vieux, ça!

• C'est aux mains qu'on reconnaît une grande dame!

• Le bon Dieu a dû m'oublier.

• *« Comment voyez-vous votre avenir? »*
Court, très court.

• J'ai toujours eu un estomac d'autruche. Plus jeune, je pouvais manger des pierres.

• Ce sont des souvenirs que je n'oublie pas, ça!
(Car il y en a qu'elle oublie, volontairement : les mauvais.)

• J'ai des jambes de fer, mais pour tout vous dire, ça commence à rouiller et à gondoler un peu.

• *En entendant à la radio que c'était le vingtième anniversaire du voyage de Neil Armstrong :*
J'aimerais aller sur la Lune.

• Il n'y a pas d'épreuve terrible; il suffit chaque fois de trouver une solution.

• *À quelqu'un qui lui disait : « Et peut-être... à l'année prochaine », elle répondit :*
Pourquoi pas! Vous ne m'avez pas l'air en si mauvaise santé.

• *« Je vais vous prescrire un remède-miracle. »*
Alors je ne serais pas seulement guérie mais miraculée!

• *« Vous vivrez bien jusqu'à cent vingt ans! »*
Pourquoi être si pessimiste!

• *Venant de planter en 1990 un Ginkgo biloba, l'arbre de longévité, devant sa fenêtre à la Maison du Lac:*
J'aurai le plaisir de le voir vieillir.

• Je ne dors pas; je me repasse les bons moments de ma vie et je ne m'ennuie jamais.

• J'ai attendu cent dix ans pour être célèbre. J'entends bien en profiter le plus longtemps possible.

• Je n'ai jamais été malade; ah! si, je me suis cassé une cheville, il y a soixante ans, à l'âge de la retraite.

• *Au cent dix-neuvième anniversaire, répondant à: « On vous pose toujours les mêmes questions? »*
Oui, et je réponds toujours pareil.

• J'ai promis que j'irai jusqu'à cent vingt ans; je ferai un effort.

• Il m'a oubliée. Il ne doit pas être si pressé de me voir. Il me connaît déjà très bien.
(En parlant de Dieu, bien sûr.)

• Vous verrez, ça ira encore mieux l'année prochaine!

• Je commence à me faire à l'idée d'être un phénomène.

• *À son médecin qui s'inquiétait de la fatigue que risquait de provoquer une nouvelle rencontre avec la presse:* Ne vous en faites pas, je sais tellement ce qui leur fait plaisir.

• *À son médecin encore lui disant : « Je vais vous donner une pommade contre ces croûtes que vous avez sur le visage et qui vous vieillissent. »*
(Fou rire.)
Là, docteur, vous me faites rire!

• Maintenant, je vis mécaniquement.

• Je patauge dans mon centenaire.

• *Lors d'une interview :*
Vous n'avez plus de question à me poser? *(Silence.)* Vous voulez que je vous parle de Van Gogh?

• La mort ne m'effraie pas; je peux aujourd'hui penser tranquillement à terminer une longue vie.

• *À quelqu'un qui lui souhaitait un « Bon anniversaire, Jeanne » pour ses cent dix-huit ans :*
Je vous en souhaite un aussi heureux.

• J'attends la mort... et les journalistes.

• Je suis un Mathusalem moderne.

• *Pendant la tendre enfance, jouant avec d'autres gamins à la balançoire dans le mas familial :*
À chacun mon tour!

DOCUMENTS CIVILS ET RELIGIEUX RELATIFS À MME CALMENT

NATURE	LIEU	TYPE	ANNÉE	N°	DATE	LIEN
Mariage de ses parents	Arles	RCM	1861	161	16 10	I.
Naissance de son 1er frère	Arles	RCN	1862	537	31 08	I.
Naissance de sa sœur	Arles	RCN	1863	705	28 10	I.
Décès de sa sœur	Arles	RCD	1863	688	31 10	I.
Naissance de son 2e frère	Arles	RCN	1865	286	25 04	I.
Décès de son 1er frère	Arles	RCD	1867	394	24 07	I.
Naissance	Arles	RCN	1875	110	21 02	D.
Baptême	St Césaire	RRN	1875	52	23 02	D.
Mariage civil	Arles	RCM	1896	37	08 04	D.
Mariage religieux	St Césaire	RRM	1896	8	08 04	D.
Naissance de sa fille	Arles	RCN	1898	35	19 01	D.
Baptême de sa fille	Ste Trophime	RRB	1898	10	13 02	D.
Mariage d'un cousin	Arles	RCM	1900	74	05 06	D.
Décès de sa mère	Arles	RCD	1924	360	18 09	I.
Mariage de sa fille	Arles	RCM	1926	18	03 02	D.
Naissance de son petit-fils	Arles	RCN	1926	353	23 12	I.
Baptême de son petit-fils	Ste Trophime	RRB	1927	2	09 01	D.
Décès de son père	Arles	RCD	1931	64	28 01	I.
Décès de sa fille	Arles	RCD	1934	36	19 01	I.
Décès de son mari	Arles	RCD	1942	475	02 10	D.
Mariage de son petit-fils	Arles	RCM	1950	150	03 08	I.
Décès de son 2e frère	Arles	RCD	1962	435	01 12	I.
Décès de son petit-fils	Arles	RCD	1963	346	13 08	I.

RCN : registre civil des naissances; RCM : registre civil des mariages; RCD : registre civil des décès. RRB : registre religieux des baptêmes; RRM : registre religieux des mariages; RRD : registre religieux des décès.

D. = Direct : enregistrement la concernant et la nommant directement.

I. = Indirect : enregistrement ne la concernant pas directement.

En Arles, comme dans chaque commune de France, les enregistrements d'état civil concernant une année donnée sont consignés dans trois types de registres : le registre des naissances, le registre des mariages et le registre des décès. Un nouveau registre de chacune des trois catégories est ouvert au début de chaque nouvelle année (avec parfois des tomes supplémentaires en cours d'année, si nécessaire). Chaque événement reçoit un numéro d'ordre dans le registre approprié dans un ordre chronologique en partant du 1er janvier de chaque année. Les enregistrements religieux se font selon le même principe.

Il existe d'autres documents civils ou religieux nommant Mme Jeanne Calment avec parfois sa signature, en particulier tous ceux pour lesquels elle était témoin officiel (comme le mariage d'une amie, par exemple).

REMERCIEMENTS

À Madame Jeanne CALMENT pour sa collaboration,

Au docteur CAMOIN, Sénateur Maire, pour avoir accepté cette collaboration et ouvert l'accès à ses services d'archives,

À Madame BOYER, généalogiste, qui a assuré l'essentiel du travail de recherche documentaire,

Aux Archives de la Ville d'Arles,

À Madame REBUTTINI, responsable de ce service,

À Monsieur DEL NISTA, directeur du Centre hospitalier,

Au professeur PIGNOL, qui a déjà dirigé deux études sur notre doyenne,

Au docteur GARROYAN, médecin généraliste en Arles,

Au docteur LEVRAUD de la Maison du Lac,

À Madame RITCHIE, épidémiologiste et neuropsychologue de l'INSERM, pour ses précieux conseils,

Au docteur PERROUEL, informateur thérapeutique IPSEN,

À Madame GIL, historienne, collaboratrice du journal *Le Provençal*,

Au docteur ANDRIEUX pour sa contribution à notre étude,

À Monsieur CORDONNIER, photographe de *Daily Life*,

Au personnel de la Maison du Lac qui entoure notre doyenne de ses soins et de son affection,

À Mademoiselle BOUYER qui a écouté et fidèlement retranscrit tous les entretiens enregistrés puis relu et corrigé le « tapuscrit » de ce livre,

À l'INSERM qui a conduit la stratégie de recherche,

À la Fondation IPSEN qui a subventionné l'essentiel des frais de recherche et encouragé ce projet original.

CRÉDIT PHOTOGRAPHIQUE :

PAGE I : Mme Gil/Le Provençal/Arles;
PAGE II : Mme Gil/Le Provençal/Arles,
Archives de la ville d'Arles;
PAGE III : J.-M. Robine/C. Boyer,
Mme Gil/Le Provençal/Arles;
PAGE IV : Frédéric de Lafosse/Sygma;
PAGE V : Gérard Perouel/Ipsen,
Ipsen;
PAGE VI : Carl Cordonnier/Daily Life/Lille;
PAGE VII : Carl Cordonnier/Daily Life/Lille,
Philippe Brieussel/Ipsen;
PAGE VIII : Carl Cordonnier/Daily Life/Lille.

TABLE

Les « Documents » et les guides
au cherche midi éditeur

En collaboration avec Amnesty international
Déclaration universelle des droits de l'homme
préface de Jean-Denis Bredin
de l'Académie française

Les Deux Magots
Arnaud Hofmarcher

Guide des cimetières en France
Bertrand Beyern

Guide Montblanc des prix littéraires
Bertrand Labes

Guide SEAT des 7 000 musées et collections en France
Alain Morley et Guy Levavasseur

Jean Gauchon
Le Roman d'un pacifiste
Albert Ratz

Le Métier d'écrire
Jean-Luc Delblat

Recherche héritiers
Jean-Marie et Francis Andriveau

6 juin 1944, le débarquement
Jérôme Camilly
Avant-propos de Maurice Schumann de l'Académie française

Peines de mort
histoire et techniques des exécutions capitales
des origines à nos jours
Martin Monestier
préface de Maître Goeau Brissonnière

Imprimé en France par la Société Nouvelle Firmin-Didot
Dépôt légal : novembre 1994
N° d'édition : 346 - N° d'impression : 29751
ISBN : 2-86274-346-1